Emanuel Swedenborg

Die Wechselwirkung zwischen Seele und Körper

Swedenborgs Beitrag zum Leib - Seele - Problem

Deutsch - Lateinische Ausgabe mit Essays

Übersetzt und herausgegeben von Thomas Noack

Titel der lateinischen Originalausgabe:

DE COMMERCIO ANIMAE ET CORPORIS QUOD CREDITUR FIERI VEL PER INFLUXUM PHYSICUM VEL PER INFLUXUM SPIRITUALEM VEL PER HARMONIAM PRAESTABILITAM

Die Wechselwirkung zwischen Seele und Körper, von der man glaubt, dass sie entweder durch physischen Einfluss oder durch geistigen Einfluss oder durch prästabilierte Harmonie erfolgt

Apollostrasse 2, CH - 8032 Zürich
shop.swedenborg.ch

ISBN 978-3-85927-052-7

Inhaltsverzeichnis

ZU DIESER AUSGABE

Am Anfang stand die Absicht, eine neue Übersetzung von Swedenborgs Spätwerk »De Commercio Animae et Corporis«, 1769 in London erschienen, zu schaffen. Am Ende kam dabei eine deutsch-lateinische Ausgabe mit verschiedenartigen Beigaben heraus.

Angestrebt wurde eine *philologische* Übersetzung, das heißt eine, die die ausgangssprachlichen Strukturen so weit wie möglich beibehält, dabei aber nicht nur die Wörter und die Grammatik, sondern auch den Stil verdeutscht. Eine sinngemäße, kommunikative, nur an der Zielsprache orientierte Übersetzung wurde nicht angestrebt, obgleich ich mich gelegentlich für eine ziemlich freie Übersetzung entschied, wenn es mir zur Herausarbeitung des Sinnes angebracht schien.[1] Am Schluss dieser Ausgabe steht eine Übersicht der bisher veröffentlichten Übersetzungen von 1772 bis zur bisher letzten von 1956. Ich habe sie im Hinblick auf ihren je besonderen Charakter untersucht und anschließend die nun vorliegende bewusst positioniert. Die Übersetzungen des 18. und 19. Jahrhunderts sind wörtliche, weswegen darin auch zahlreiche Latinismen enthalten sind, das heißt lateinisches Deutsch. Das 20. Jahrhundert spürte demgegenüber durchgehend die Notwendigkeit, die Verdeutschung Swedenborgs entschlossener voranzutreiben. Doch bei der sehr interessanten Arbeit von Lothar Brieger-Wasservogel aus dem Jahre 1904 wur-

---

1 Im Hintergrund steht die Unterscheidung von Übersetzungstypen nach Rudolf Kassühlke, *Eine Bibel – viele Übersetzungen: Ein Überblick mit Hilfen zur Beurteilung*, 1998. Kassühlke unterscheidet die folgenden Typen: 1. Wort-für-Wort-Übersetzung, 2. Wörtliche Übersetzung, 3. Philologische Übersetzung, 4. Kommunikative Übersetzung, 5. Bearbeitende Übersetzung. Die ersten drei Typen sind vorrangig ausgangssprachlich orientiert, die letzten beiden hingegen vorrangig zielsprachlich. Die Wort-für-Wort- oder Interlinearübersetzung übersetzt nur die Wörter. Die wörtliche Übersetzung übersetzt auch die Grammatik. Und die philologische Übersetzung auch den Stil, außerdem benutzt sie erklärende Anmerkungen und zusätzliche Informationen, mit denen fehlendes Hintergrundwissen der Leser ausgeglichen werden soll.

de die Struktur des Gedankengangs unnötig aufgesprengt. So blieben – bildlich gesprochen – von den Kirchenfenstern zwar die bunten Glasscheiben der Gedanken Swedenborgs erhalten, die selbstverständlich auch in der ursprünglichen Anordnung aneinander gelegt wurden, aber ihre Einfassung fiel dem Streben nach Eleganz zum Opfer. Die Arbeit von Gerhard Gollwitzer aus dem Jahre 1956 wollte das Original von barocker Fülle befreien und bietet daher einen gekürzten Text. In Kenntnis dieser Ansätze habe ich den Versuch unternommen, die Forderung nach einer weitestgehenden Verdeutschung mit dem Erhalt der logischen Struktur des swedenborgschen Gedankengangs zu versöhnen. Ich wollte also die Stärken der Übersetzungen aus dem 18. und 19. Jahrhundert mit denjenigen der Verdeutschungen aus dem 20. Jahrhundert verbinden.

Swedenborg gab seinem Werk den Titel »De Commercio Animae et Corporis«. Darin bleibt jedoch ein wesentliches Element unerwähnt, nämlich Mens. Gerhard Gollwitzer gab seiner Übersetzung daher den Titel »Von Seele, Geist und Leib«. Dieser gibt das swedenborgsche Konzept in der Tat vollständiger wieder, denn zwischen Anima (Seele) und Corpus (Körper) ist Mens angesiedelt. Doch wie soll man diesen Begriff übersetzen? Die klassische Antwort ist Gemüt. Gemüt ist schon in der ersten Übersetzung aus dem Jahre 1772 zu finden und wird seitdem ununterbrochen bis heute verwendet. In seiner alten Bedeutung war dieses Wort die beste Wahl. Gemüt bedeutete nämlich die »Gesamtheit der seelischen Kräfte und Sinnesregungen«[2]. Es entsprach daher gut Swedenborgs Mens, insofern dieses Wort »Verstand *und* Wille«[3] bezeichnet. Im gegenwärtigen Sprachgebrauch ist die Bedeutung jedoch auf das Gefühlsmäßige eingeengt, was Wörter wie Gemütswärme, Gemütsmensch, gemütlich usw. belegen. Das Gemüt oder Gemüthafte in diesem Sinne ist

---

2 Friedrich Kluge, *Etymologisches Wörterbuch der deutschen Sprache*, 2002, Seite 344.

3 *Himmel und Hölle* 277.

geradezu der Gegenpol zu Intelligenz und Verstand und verfehlt somit die umfassende Bedeutung von Mens. Gerhard Gollwitzer, der das Problem in der Einführung zu seiner Übersetzung von »De Commercio« aus der Mitte des 20. Jahrhunderts ebenfalls ansprach, hatte sich schließlich für Geist entschieden. Doch dieser Begriff schwingt zu sehr ins andere Extrem, ins Intellektuelle und Verstandesmäßige. Die in jeder Hinsicht beste Übersetzung gibt es offenbar nicht. In dieser Situation wählte ich nach reiflicher Überlegung als meine bevorzugte Variante das Mentale, der mentale Bereich und Mentalbereich. Unter dem Mentalen kann man wieder die Gesamtheit des menschlichen Denkens und Wollens verstehen. Außerdem ist dieser Begriff mit Mens verwandt, wie es seinerzeit Gemüt war. Und er taucht gegenwärtig in der Diskussion des Leib-Seele-Problems auf.[4] In seltenen Fällen verwende ich allerdings auch Gemüt und Geist.

Corpus übersetzte ich meist mit Körper, gelegentlich aber auch mit Leib. Diese Praxis ist schon im Titel dieser Ausgabe erkennbar. Als Haupttitel wählte ich »Die Wechselwirkung zwischen Seele und Körper«, als Untertitel hingegen »Swedenborgs Beitrag zum Leib-Seele-Problem«. Dieser Wechsel von Körper zu Leib im Untertitel hat einen einfachen Grund: Das Problem, das Swedenborg hier behandelt, wird im allgemeinen das Leib-Seele-Problem genannt. Körper, entlehnt aus lateinisch corpus, hat das ältere Wort Leib zwar nicht ersetzt, aber doch deutlich überflügelt. Im Wort Leib schwingt noch, wenn auch schwach, die Bedeutung Leben mit. Erhalten hat sie sich in Komposita wie Leibrente, das heißt Rente auf Lebenszeit. Der Körper ist demgegenüber eher das der Seele Hinzugefügte, Instrumentale und somit auch an sich Tote. In diesem Sinne versuchte ich, die beiden deutschen Übersetzungsvarianten zu gebrauchen und somit kleine Akzente zu setzen, wobei Körper immer zuerst verwendet wurde.

---

[4] Ansgar Beckermann beispielsweise stellt die Frage: »Oder ist das Mentale ontologisch eigenständig?« (*Das Leib-Seele-Problem: Eine Einführung in die Philosophie des Geistes*, 2008, Seite 7).

Das Tetragramm, das heißt die vier hebräischen Schriftzeichen JHWH, gibt Swedenborg mit Jehovah wieder. Die Masoreten vokalisierten das Tetragramm mit den Vokalen von Adonaj (mein Herr), wobei allerdings der A-Laut der Anfangssilbe zu einem unbetonten E-Laut wurde. Durch die Kombination der vier Konsonanten mit den (leicht abgewandelten) Vokalen von Adonaj entstand die Aussprache Jehovah. Die Gelehrten meinen, Jahwe sei die ursprüngliche Aussprache des Tetragramms gewesen, was jedoch nicht zweifelsfrei bewiesen ist. Deswegen entschloss ich mich, einfach nur das Tetragramm zu setzen, so dass jeder Leser selbst entscheiden kann, wie er es aussprechen will.

Die von Swedenborg zitierten Bibelstellen übersetzte ich immer nach dem lateinischen Text Swedenborgs, denn es galt ja, ein Werk Swedenborgs zu übersetzen. Gleichwohl konsultierte ich stets den hebräischen bzw. griechischen Urtext und wies dementsprechend auf Abweichungen Swedenborgs vom Urtext hin.

Das Schriftbild soll das, was *ihm* möglich ist, zum Verständnis des Textes beitragen. Deswegen teilte ich den Text in Abschnitte ein, wobei ich weitgehend der englischen Ausgabe »Interaction of the Soul and Body«, London 1996, folgte. Außerdem setzte ich gelegentlich einige Wörter in *kursiv*. Durch den Einsatz dieses Mittels wird eine der Sache angemessene Hervorhebung erreicht. Oft soll dadurch angezeigt werden, dass diese Wörter betont zu lesen sind. Auf Abkürzungen wie d.h. und z.B. verzichtete ich weitestgehend. Deswegen verwendete ich auch für die biblischen Bücher und die Werke Swedenborgs keine Abkürzungen, sondern Kurztitel. Natürlich gilt auch hier: Keine Regel ohne Ausnahme. Im Interesse eines flüssig lesbaren Textes beschränkte ich Einschübe in Klammern auf ein Minimum. Der Vergleich der Übersetzung mit dem lateinischen Grundtext ist in dieser Ausgabe an jeder Stelle möglich, weil es sich bei ihr um eine zweisprachige handelt. Deswegen sind Einschübe mit lateinischen Wörtern nur in sehr wenigen Fällen sinnvoll. Ich bediente mich dieses Mittels, wenn ich wichtige lateinische Begriffe nicht einheitlich übersetzen konnte. Der prominenteste Fall ist »mens«.

Immer dann, wenn ich dieses Wort nicht mit das Mentale oder der Mentalbereich übersetzte, sondern mit Gemüt oder Geist, fügte ich »mens« in Klammern hinzu. Außerdem bediente ich mich dieses Mittels, wenn hinter demselben deutschen Wort verschiedene, wichtige lateinische Begriffe standen. Beispielsweise können hinter »Liebe« amor oder charitas stehen oder hinter »Licht« lux oder lumen. Da die konsequente Anwendung dieser Regel die Lesbarkeit des Textes jedoch unzumutbar beeinträchtigt hätte, wandte ich sie nur in besonders interessanten Fällen an. Klammereinschübe mit deutschen Wörtern hielt ich nur dann für angebracht, wenn ihr Inhalt kaum noch als Übersetzung angesehen werden konnte, sondern schon als Interpretation zu werten ist. Die Grenze ist hier natürlich fließend. Gelegentliche Zusätze, die im Sinne einer freien Übersetzung der Herausarbeitung des Sinnes dienen sollen, kennzeichnete ich nicht eigens. Zum Schriftbild gehören schließlich auch die Anmerkungen. Sie bieten Hintergrundinformationen oder Verständnishilfen.

An die Übersetzung als das Kernstück dieser Ausgabe schließen sich ergänzende Texte an. Erstens: Swedenborg verweist in seinem Werk über die Wechselwirkung zwischen Seele und Körper auf sechs Denkwürdigkeiten, die allesamt in seinem Werk über die eheliche Liebe enthalten sind. Ich habe sie in der deutschen Fassung von Friedemann Horn übernommen. Auch in einigen Vorgängerausgaben hatte man sich schon für dieses Vorgehen entschieden. Zweitens: Der vorliegenden Übersetzung ist der lateinische Grundtext, nach dem sie angefertigt wurde, beigegeben, das heißt der Text der Swedenborg Society, London 1935. Von dieser Ausgabe heißt es: »This edition is a corrected copy of the first edition in London, A.D. 1769.«[5] Drittens ist auf die Essays hinzuweisen: In seinem Werk über die Wechselwirkung

---

[5] Die Aufnahme des lateinischen Grundtextes soll lediglich einen Vergleich dieser Übersetzung mit ihrer Grundlage ermöglichen, – mehr nicht. Übersetzer der Werke Swedenborgs mögen sich bitte immer die aktuellste Grundtextausgabe der Swedenborg Society in London besorgen.

zwischen Seele und Körper ist der visionär begabte Theologe Swedenborg noch einmal Psychologe im Sinne der Definition, die er schon 1740 in seiner »Einführung in die rationale Psychologie« gab, dort schrieb er: »Die Psychologie ist die Wissenschaft, die vom Wesen und der Natur der Seele handelt und von der Art und Weise wie sie in die Tätigkeiten ihres Körpers einfließt.«[6] Deswegen habe ich einen Essay von Anders Hallengren beigegeben, der »Swedenborgs Beitrag zur Psychologie« ausleuchtet. Außerdem einen Beitrag von Walter Dohse über »das Verhältnis zwischen Seele und Leib« und einen Beitrag von mir über »Swedenborg im Kontext des Leib-Seele-Problems«. Der Liebhaber der Werke Swedenborgs findet ferner ganz am Ende dieser Ausgabe einen Überblick über die deutschsprachigen Übersetzungen dieses Werkes. Diesem Überblick habe ich jeweils die erste Textseite der älteren Ausgaben beigegeben, so dass sogar ein gewisser Übersetzungsvergleich möglich ist.

Die vorliegende Neuübersetzung ist somit ein komplexes Angebot. Vielleicht entwickelt es sich zu einem Kennzeichen der Übersetzungen des 21. Jahrhunderts, dass sie nicht nur mit Entschlossenheit verdeutschen wollen, sondern auch Anmerkungen und Beigaben hinzufügen, weil zunehmend die Notwendigkeit empfunden wird, Swedenborg zu kontextualisieren, ihn mit *unserem* Bewusstsein zu korrelieren. Das groß angelegte Projekt der Swedenborg Foundation, die New Century Edition, bedient sich jedenfalls ebenfalls dieser Mittel.

Zürich im Juni 2011, Thomas Noack

---

[6] *Oeconomia Regni animalis*, Nr. 579.

Die Wechselwirkung zwischen Seele und Körper

Denkwürdigkeiten

DIE WECHSELWIRKUNG ZWISCHEN SEELE UND KÖRPER

von Emanuel Swedenborg

1. Über die Wechselwirkung zwischen Seele und Körper, das heißt über die Tätigkeit des einen *im* anderen und des einen *mit* dem anderen, gibt es drei Ansichten und Überlieferungen, die Hypothesen sind: den physischen Einfluss, den geistigen Einfluss und die prästabilierte Harmonie.

Die erste Hypothese, der sogenannte physische Einfluss, beruht auf dem Anschein der Sinne, somit auf einer Täuschung, denn es hat den Anschein, dass die Gegenstände des Sehsinns, die auf die Augen einwirken, in das Denken einfließen und es hervorbringen. Gleiches gilt für die artikulierten Töne, die das Hörorgan anregen; scheinbar fließen sie in das Mentale ein und bringen dort Vorstellungen hervor. Ebenso scheint es sich mit dem Geruchssinn, dem Geschmackssinn und dem Tastsinn zu verhalten. Da die Organe dieser Sinne die von der physischen Welt kommenden Reize zuerst aufnehmen und das Mentale nach den Anregungen (affectiones) dieser Reize zu denken und zu wollen scheint, glaubten die antiken Philosophen und die Scholastiker, dass von ihnen ein Einfluss in die Seele ausgehe. So ergab sich als Schluss die Hypothese eines physischen oder natürlichen Einflusses[7].

Die zweite Hypothese, der sogenannte geistige Einfluss, von einigen auch okkasionaler, das heißt bei Gelegenheit stattfinden-

---

[7] Indem Swedenborg vom »influxus physicus« spricht, übernimmt er die Terminologie der gelehrten Welt (*Himmlische Geheimnisse* 9401). Seiner eigenen Terminologie folgend, müsste er von einem »influxus naturalis« sprechen, was er an anderen Stellen auch tut (*Himmel und Hölle* 135) und hier bezeichnenderweise hinzufügt. Unter »influxus physicus« verstand man in der Scholastik den Einfluss des Leibes auf die Seele und im 17. und 18. Jahrhundert die Wechselwirkung zwischen Leib und Seele, Körper und Geist (*Wörterbuch der philosophischen Begriffe*, 1998, Seite 316).

der[8], genannt, beruht auf der Ordnung und ihren Gesetzen. Denn die Seele ist eine geistige Substanz und daher reiner, früher und innerlicher; der Körper aber ist materiell und daher gröber, später und äußerlicher. Und es entspricht der Ordnung, dass das Reinere in das Gröbere, das Frühere in das Spätere, das Innerlichere in das Äußerlichere einfließt, also das Geistige in das Materielle, und nicht umgekehrt. Daher fließt das denkende Mentale in den Sehsinn ein je nach dem Zustand, in den die Augen durch die äußeren Objekte gebracht wurden, wobei das Mentale diesen von außen herbeigeführten Zustand dann auch seinen Wünschen gemäß aktiv strukturiert. Ebenso fließt das vernehmende Mentale in den Hörsinn ein je nach dem Zustand, in den die Ohren durch die artikulierten Töne gebracht wurden.

Die dritte Hypothese, die sogenannte prästabilierte Harmonie[9], beruht auf dem Schein und den Täuschungen der Vernunft, denn in der Tätigkeit wirkt das Mentale mit dem Körper einheitlich und gleichzeitig. Dennoch ist jede Tätigkeit zuerst ein aufeinanderfolgendes Geschehen und dann erst ein gleichzeitiges. Die aufeinanderfolgende Tätigkeit ist der Einfluss, und die gleichzeitige ist die Harmonie. Als Beispiel diene das Mentale, insofern es erst denkt und dann redet oder erst will und dann handelt. Daher

---

[8] Der Okkasionalismus, das heißt die Lehre von den Gelegenheitsursachen, geht insbesondere auf Arnold Geulincx (1624–1669) und Nicolas Malebranche (1638–1715) zurück. Nach dieser Anschauung wird die unmittelbare Wirkung der Seele auf den Leib und umgekehrt als undenkbar verworfen und ihre Übereinstimmung darauf zurückgeführt, dass ein Drittes, nämlich Gott, bei Gelegenheit des leiblichen Vorgangs in der Seele die entsprechenden Vorstellungen und Willensvorgänge hervorbringe und umgekehrt. (*Wörterbuch philosophischer Begriffe*, 1998, Seite 469). Nach Friedemann Stengel dürfte Nicolas Malebranche »zweifellos als eine der wichtigsten Inspirationsquellen für Swedenborgs Psychologie und zugleich als Baustein in seiner Entwicklung zum Geisterseher anzusehen sein« (*Aufklärung und Esoterik*, herausgegeben von Monika Neugebauer-Wölk, 2008, Seite 178).

[9] Prästabilierte Harmonie, das heißt die im voraus festgestellte Harmonie oder die vorherbestimmte Einheit, ist ein philosophischer Fachbegriff. Er wurde zuerst von Gottfried Wilhelm Leibniz in einem Artikel des »Journal des Savants« vom 4. und 9. April 1696 gebildet als Ausdruck zur Lösung des Leib-Seele-Problems. (*Wörterbuch philosophischer Begriffe*, 1998, Seite 282).

ist es eine Täuschung der Vernunft, das Gleichzeitige zu begründen und das Aufeinanderfolgende zu verwerfen.

Außer diesen drei Meinungen über die Wechselwirkung zwischen Seele und Körper ist keine vierte denkbar, denn entweder ist die Seele im Körper oder der Körper in der Seele tätig oder beide sind immer zugleich tätig [10]

2. Weil der geistige Einfluss auf der Ordnung und ihren Gesetzen beruht, deswegen wurde er von den Weisen in der gelehrten Welt vor den beiden anderen Meinungen anerkannt und angenommen. Alles auf der Ordnung beruhende Denken ist Wahrheit, und diese stellt sich auf Grund des ihr innewohnenden Lichtes als solche heraus, – auch im Schatten der Vernunft, in dem sich die Hypothesen befinden. Dreierlei verdunkelt allerdings die Erkenntnis der Wahrheit des geistigen Einflusses: die Unkenntnis des Wesens der Seele, die Unkenntnis des Wesens des Geistigen und die Unkenntnis der Beschaffenheit des Einflusses. Deswegen müssen zuerst diese drei Punkte behandelt und geklärt werden, bevor die Vernunft die Wahrheit sehen kann. Denn eine hypothetische Wahrheit ist noch keine Wahrheit im eigentlichen Sinne, sondern nur eine vermutete Wahrheit, die mit einen Gemälde an der Wand vergleichbar ist, das man nachts im Lichte der Sterne betrachtet, so dass das Mentale darin allerlei Formen entsprechend seiner Phantasie erblickt. Ganz anders ist es, wenn es das Licht der Sonne nach ihrem Aufgang erleuchtet, dann enthüllt es nicht nur die allgemeinen Umrisse, sondern auch alle Einzelheiten des Gemäldes und macht es sichtbar. Aus dem Schatten der Wahrheit, in dem sich die Annahme eines geistigen Einflusses befindet, wird somit eine offensichtliche Wahrheit, wenn man Folgendes erkennt: 1.) das Wesen und die Beschaffenheit des Geistigen im Unterschied zum Natürlichen, 2.) das Wesen und die Beschaffenheit der menschlichen Seele und 3.) die Beschaf-

---

[10] Siehe die Denkwürdigkeit unter der Nummer 19 dieses Werkes. Dort werden die drei Hypothesen Aristoteles (physischer Einfluss), Descartes (geistiger Einfluss) und Leibniz (prästabilierte Harmonie) zugeordnet.

fenheit des Einflusses zunächst in die Seele, dann durch sie in das wahrnehmende und denkende Mentale und schließlich vom mentalen Bereich in den Körper.

Das kann aber von niemandem gelehrt werden, außer es ist ihm vom Herrn gewährt worden, sich gleichzeitig mit den Engeln in der geistigen und den Menschen in der natürlichen Welt in Gesellschaft zu befinden. Und da genau das bei mir der Fall ist, konnte ich das Wesen und die Beschaffenheit des einen und des anderen beschreiben, siehe über das Geistige die Denkwürdigkeit *Eheliche Liebe* 326–329, über die menschliche Seele *Eheliche Liebe* 315 und über den Einfluss *Eheliche Liebe* 380 und ausführlicher *Eheliche Liebe* 415–422. Wer weiß nicht oder *kann* es nicht zumindest wissen, dass das Gute der Liebe und das Wahre des Glaubens vom Herrn her in den Menschen einfließen, und dass sie in seine Seele einfließen, in seinem Mentalbereich empfunden werden und schließlich vom Denken in die Worte und vom Wollen in die Taten ausfließen.[11]

Das ist der geistige Einfluss, sein Ursprung und seine Ableitung, und das soll nun im Einzelnen gezeigt werden in folgender Ordnung: 1.) Es gibt zwei Welten, die geistige Welt, in der die Geister und die Engel leben, und die natürliche Welt, in der die Menschen leben. 2.) Die geistige Welt entstand und besteht aus ihrer Sonne, und die natürliche aus der ihrigen. 3.) Die Sonne der geistigen Welt ist reine Liebe von JHWH Gott, der in ihrer Mitte ist. 4.) Aus dieser Sonne gehen Wärme und Licht als Einheit hervor[12], wobei die Wärme ihrem Wesen nach Liebe und das Licht seinem Wesen nach Weisheit ist. 5.) Sowohl die Wärme als

---

[11] Beachte hierzu *Himmlische Geheimnisse* 5828: »Ein allgemeines Gesetz besagt, dass sich der Einfluss dem Ausfluss anpasst.«

[12] Dem deutschen Sprachempfinden würde die Mehrzahl besser entsprechen: »... *gehen* Wärme und Licht hervor«. Ich habe aber in Übereinstimmung mit dem Grundtext die Einzahl gewählt, weil Wärme und Licht bei ihrem Hervorgehen noch eine Einheit sind, siehe *Göttliche Liebe und Weisheit* 99: »Die geistige Wärme und das geistige Licht sind beim Hervorgehen vom Herrn als Sonne eins, ebenso wie seine göttliche Liebe und göttliche Weisheit.«

auch das Licht fließen in den Menschen ein, die Wärme in seinen Willen, wo sie das Gute der Liebe hervorbringt, und das Licht in seinen Verstand, wo es das Wahre der Weisheit hervorbringt. 6.) Diese zwei, die Wärme und das Licht oder die Liebe und die Weisheit, fließen von Gott vereint in die menschliche Seele ein, durch sie in das Mentale, seine Neigungen (affectiones) und Gedanken, und von dort in die Sinne, Worte und Taten des Körpers. 7.) Die Sonne der natürlichen Welt ist reines Feuer, durch diese Sonne entstand und besteht die Welt der Natur. 8.) Daher ist alles, was aus dieser Sonne hervorgeht, seinem Wesen nach tot. 9.) Das Geistige bekleidet sich mit dem Natürlichen wie der Mensch mit einem Gewand. 10.) Das so im Menschen bekleidete Geistige bewirkt, dass er rational und ethisch, also geistig-natürlich leben kann. 11.) Die Aufnahme dieses Einflusses richtet sich nach dem Zustand der Liebe und Weisheit beim Menschen. 12.) Der Verstand des Menschen kann in das Licht, in die Weisheit, erhoben werden, in der die Engel des Himmels sind, je nach der Ausbildung seiner Vernunft; und ebenso sein Wille in die Wärme, in die Liebe, je nach den Taten seines Lebens. Jedoch wird die Liebe des Willens nur insoweit erhoben, als der Mensch das will und tut, was die Weisheit des Verstandes lehrt. 13.) Ganz anders verhält es sich bei den Tieren. 14.) Es gibt drei Grade in der geistigen Welt und drei in der natürlichen; der gesamte Einfluss geht ihnen gemäß vonstatten. 15.) Die Zwecke befinden sich auf der ersten Stufe, die Ursachen auf der zweiten und die Wirkungen schließlich auf der dritten. 16.) Aus dem Gesagten geht hervor, wie der geistige Einfluss von seinem Ursprung bis zu den Wirkungen beschaffen ist. – Das soll nun im Einzelnen mit wenigen Worten entfaltet werden.

Satz 1

Es gibt zwei Welten, die geistige Welt, in der die Geister und die Engel leben, und die natürliche Welt, in der die Menschen leben.

3. Auch in der christlichen Welt war es bisher ganz und gar unbekannt, dass es eine geistige Welt gibt, in der Geister und Engel leben und die von der natürlichen Welt, in der die Menschen leben, unterschieden ist. Der Grund ist, dass bisher weder irgendein Engel herabgestiegen ist, um uns persönlich zu belehren, noch irgendein Mensch hinaufgestiegen ist, um selbst zu sehen. Damit sich nun die Menschen, nur weil sie von der geistigen Welt nichts wissen und infolgedessen in ihrem Glauben an einen Himmel und eine Hölle unsicher werden, nicht so sehr verblenden lassen, dass sie naturalistische Atheisten[13] werden, hat es dem Herrn gefallen, das Gesicht meines Geistes zu öffnen, ihn in den Himmel zu heben und in die Hölle zu senken, um ihn sehen zu lassen, wie beide beschaffen sind.

Daher ist mir klar geworden, dass es zwei Welten gibt, die voneinander geschieden sind. In der einen ist alles geistig, weswegen sie geistige Welt heißt; in der anderen ist alles natürlich, weswegen sie natürliche Welt heißt. Die Geister und Engel leben in *ihrer* Welt, der geistigen, und die Menschen auch in *ihrer*, der natürlichen. Außerdem ist mir klar geworden, dass jeder Mensch durch den Tod von seiner Welt in die andere übersiedelt und dort ewig lebt. Eine gewisse Kenntnis der beiden Welten muss vorausgeschickt werden, damit man den Einfluss, den ich hier behandeln will, von seinem Ursprung her erkennen kann. Die geistige Welt fließt nämlich in die natürliche ein und treibt

---

13 Im Grundtext steht hier »Naturalista atheus«. Diese Formulierung steht auch in *Wahre Christliche Religion* 382, 759. Nach Dan A. Synnestvedt bedeutet sie »naturalistischer Atheist« (*The New Philosophy*, July–September 2008, Seite 441). Naturalismus bedeutet negativ definiert die Ablehnung übernatürlicher (metaphysischer) Seinsheiten wie beispielsweise Götter, Dämonen, Seelen und Geister. Positiv definiert bedeutet Naturalismus, dass alles natürlich ist, dass alles ein Teil der Natur ist und somit mit naturwissenschaftlichen Methoden erforscht werden kann; scheinbare Ausnahmen können wegerklärt werden. Mit dem Naturalismus verwandt sind der Materialismus und der Positivismus. Synnestvedt macht darauf aufmerksam, dass die Formulierung »naturalistischer Atheist« impliziert, dass es auch andere Atheisten gibt.

sie bis in ihre Einzelteile hinein an; das gilt für die Menschen, für die Tiere und auch für das Wachstum der Bäume und Pflanzen.

Satz 2

Die geistige Welt entstand und besteht aus ihrer Sonne, und die natürliche aus der ihrigen.

4. Eine Sonne für die geistige Welt und eine andere für die natürliche gibt es, weil diese Welten ganz und gar verschieden sind und eine jede Welt ihren Ursprung aus einer Sonne hat. Eine Welt nämlich, in der alles geistig ist, kann nicht aus einer Sonne entstehen, aus der alles Natürliche entstammt; das wäre ein physischer Einfluss, und der ist gegen die Ordnung. Dass jede Welt ursprünglich aus einer Sonne entstanden ist, und nicht umgekehrt, ergibt sich aus der Wirkung, die ja eine *verursachte* Wirkung ist, und die darin besteht, dass jede Welt durch ihre Sonne *besteht*, und das Bestehen veranschaulicht das Entstehen. Deswegen sagt man: Das Bestehen ist ein ständiges Entstehen. Somit ist klar: Nähme man die Sonne weg, dann würde die dazugehörige Welt ins Chaos und dann ins Nichts stürzen.

Ich kann bezeugen, dass es in der geistigen Welt eine andere Sonne gibt als in der natürlichen, denn ich habe sie gesehen. Sie erscheint feurig wie unsere Sonne, in etwa gleicher Größe und ist von den Engeln so weit entfernt wie unsere Sonne von uns; aber sie geht nicht auf und auch nicht unter, sondern steht unbewegt in mittlerer Höhe zwischen Zenit und Horizont, weswegen die Engel ein immerwährendes Licht und einen immerwährenden Frühling haben.

Der Vernunftmensch, der von einer Sonne der geistigen Welt rein gar nichts weiß, irrt sich leicht gewaltig in seiner Anschauung von der Schöpfung des Weltalls. Wenn er sich mit diesem Problem beschäftigt, es hin und her wälzt, dann kann er in sich nur erkennen, dass das Weltall aus der Natur entstanden ist, und weil diese dic Sonne als Ursprung hat, kann er nur erkennen, dass es aus der natürlichen Sonne entstanden ist, so als sei *sie* der Schöpfer. Außerdem kann niemand den geistigen Einfluss wahrnehmend erkennen, wenn er nicht auch seinen Ursprung kennt, denn jeder Einfluss ist Ausfluss einer Sonne, entweder der geistigen oder der natürlichen. Das innere Sehen des Menschen, dasjenige des mentalen Bereichs, nimmt den Einfluss aus der geistigen Sonne auf, das äußere Sehen aber, dasjenige des Körpers, nimmt den Einfluss aus der natürlichen Sonne auf; aber im Wirken verbinden sie sich so wie die Seele mit dem Körper.

Man sieht, in was für eine Blindheit, Finsternis und Torheit die geraten können, die nichts von einer geistigen Welt und Sonne wissen: In Blindheit, weil das Mentale, wenn es ausschließlich von dem abhängig ist, was die Augen sehen, in den Gedankengängen seiner Vernunft einer Fledermaus ähnlich wird, die nachts umherflattert und immer nur an ein ausgespanntes Leinentuch fliegt. In Finsternis, weil das mentale Sehen allen geistigen Lichtes beraubt und einer Eule ähnlich wird, sobald es innerlich vom (blendenden)[14] Sehen der Augen beeinflusst oder getroffen wird. In Torheit, weil der Mensch nichtsdestoweniger denkt, aber nun eben aus der sichtbaren Natur über geistige Dinge, nicht umgekehrt, und somit unsinnig, dümmlich und töricht.

Satz 3

Die Sonne der geistigen Welt ist reine Liebe von JHWH Gott, der in ihrer Mitte ist.

5. Geistiges kann nur und ausschließlich aus der Liebe hervorgehen, und Liebe nur und ausschließlich aus JHWH Gott, der die Liebe selbst ist. Deswegen ist die Sonne der geistigen Welt, aus der alles Geistige wie aus seiner Quelle hervorsprudelt, reine Liebe, ausgehend von JHWH Gott, der in ihrer Mitte ist. Diese

---

[14] Übersetzer sind immer auch Interpreten. Ich habe hier blendend eingefügt, weil das lateinische Wort, das ich kurz zuvor mit berauben übersetzt haben auch blenden (= berauben der Sehkraft) bedeuten kann.

Sonne ist nicht Gott, sie ist aber *von* Gott, sie ist ausgehend *von* ihm die unmittelbarste Sphäre *um* ihn. Durch diese Sonne hat JHWH Gott das Weltall geschaffen, das heißt die Gesamtheit aller Welten, die so zahllos sind wie die Sterne am Firmament des Himmels.

Dass die Schöpfung durch diese Sonne der reinen Liebe entstanden ist, dass sie genau auf *diese* Weise von JHWH Gott gemacht worden ist, geschah aus folgendem Grund: Die Liebe ist das eigentliche Sein des Lebens und die Weisheit das daher stammende Dasein des Lebens, und aus der Liebe durch die Weisheit ist alles geschaffen worden. Das ist auch die Bedeutung der bekannten Worte bei Johannes: »Der Logos war bei Gott, und der Logos war Gott ... alles ist durch ihn gemacht worden, und ohne ihn ist nichts (von dem) gemacht worden, was gemacht worden ist ... und die Welt ist durch ihn gemacht worden« (*Johannes* 1,1.3.10). Der Logos ist hier das göttliche Wahre, somit auch die göttliche Weisheit, weswegen der Logos hier auch Licht heißt, das Licht, das jeden Menschen erleuchtet (*Johannes* 1,9), so wie es die göttliche Weisheit durch das göttliche Wahre tut.

Diejenigen, die die Entstehung der Welten aus einem anderen Ursprung ableiten als der göttlichen Liebe, die durch die göttliche Weisheit wirksam ist, halluzinieren wie Geisteskranke, die Gespenster für Menschen, Einbildungen für Lichter und Gedankendinge (entia rationes) für reale Gegenstände halten. In Wahrheit ist das geschaffene Weltall nämlich ein zusammenhängendes Werk aus der Liebe durch die Weisheit. Du kannst das sehen, wenn du imstande bist, den Zusammenhang in der Ordnung vom Ersten bis zum Letzten zu betrachten.

Wie Gott *einer* ist, so ist auch die geistige Sonne *eine*, denn von den geistigen Dingen, die Ableitungen aus ihr sind, ist räumliche Ausdehnung nicht aussagbar; und ein Wesen und ein Dasein ohne Raum ist überall *in* den Räumen *ohne* Raum, somit ist die göttliche Liebe vom Anfang des Weltalls bis zu allen seinen Grenzen raumlos anwesend. Die Vernunft sieht von ferne, dass das Göttliche alles erfüllt und dadurch alles in dem geschaffenen Zustand erhält. Und in der Nähe sieht sie das, insoweit sie Folgendes erkennt: die Liebe, und zwar wie sie in sich beschaffen ist; ihre Verbindung mit der Weisheit, um die Zwecke (oder Absichten) wahrzunehmen; ihren Einfluss in die Weisheit, um sich die Ursachen zurechtzulegen; und ihre Wirksamkeit durch die Weisheit, um schließlich die Wirkungen hervorzubringen.

Satz 4

Aus dieser Sonne gehen Wärme und Licht als Einheit hervor, wobei die Wärme ihrem Wesen nach Liebe und das Licht seinem Wesen nach Weisheit ist.

6. Bekanntlich wird im Worte der Heiligen Schrift und daher in der Sprache der Prediger die göttliche Liebe als Feuer dargestellt. Deswegen sagen sie beispielsweise, das himmlische Feuer möge die Herzen erfüllen und ein heiliges Verlangen nach der Anbetung Gottes entfachen. Feuer entspricht nämlich der Liebe und bezeichnet es daher auch. Deshalb erschien JHWH Gott dem Mose als Feuer in einem Dornbusch, ebenso den Israeliten auf dem Berge Sinai. Und deshalb wurde angeordnet, unausgesetzt ein Feuer auf dem Altar zu erhalten und jeden Abend die Lampen des Leuchters im Versammlungszelt anzuzünden. All das geschah, weil Feuer die Liebe versinnbildlicht.

Dass aus diesem Feuer Wärme hervorgeht, ist deutlich aus den Wirkungen der Liebe ersichtlich, denn der Mensch entbrennt, erwärmt sich und entflammt, sobald seine Liebe in Wallung gebracht wird, in Eifer oder glühenden Zorn. Auch die Wärme des Blutes oder die Lebenswärme der Menschen und aller Lebewesen hat keinen anderen Ursprung als die Liebe, die ihr Leben ist. Und das höllische Feuer ist ebenfalls nichts anderes als Liebe, aber eine der himmlischen entgegengesetzte. Daher nun erscheint die göttliche Liebe den Engeln in ihrer Welt als Sonne, ebenso feurig wie unsere. Und daher empfinden die Engel Wärme je nach der Aufnahme der Liebe von JHWH Gott durch diese Sonne.

Daraus folgt nun auch, dass das Licht jener Welt seinem Wesen nach Weisheit ist. Liebe und Weisheit sind nämlich ebenso unscheidbar wie Sein und Dasein, denn die Liebe ist immer nur da durch die Weisheit und ihr gemäß. In unserer Welt ist das mit dem Frühling vergleichbar, wenn sich die Wärme mit dem Licht vermählt und Knospen, Blüten und endlich Früchte hervorbringt. Außerdem weiß jeder, dass geistige Wärme Liebe und geistiges Licht Weisheit ist. Denn dem Menschen wird warm ums Herz, wenn er liebt; und sein Verstand befindet sich im Licht, wenn er weise ist.

Das geistige Licht habe ich oft gesehen. Es übertrifft das natürliche Licht an Helligkeit und Glanz bei weitem, ja es ist gewissermaßen die Helligkeit und der Glanz selbst, es erscheint wie glänzender und leuchtend weißer Schnee, wie die Kleider des Herrn bei seiner Verklärung (*Markus* 9,3; *Lukas* 9,29). Da das Licht Weisheit ist, darum nannte sich der Herr das Licht, das jeden Menschen erleuchtet (*Johannes* 1,9), und auch das eigentliche Licht (*Johannes* 3,19; 8,12; 12,35.36.46), das heißt das göttliche Wahre oder das Wort und somit *die* Weisheit schlechthin.

Man glaubt, das natürliche Licht (Lumen naturale), dasjenige der Vernunft, entstamme dem Licht unserer Welt. Es entstammt aber dem Licht der Sonne der geistigen Welt, denn das mentale Sehen fließt in das Sehen der Augen ein, somit auch das geistige Licht in das natürliche und nicht umgekehrt. Im umgekehrten Falle wäre der Einfluss ein physischer, kein geistiger.

Satz 5

Sowohl die Wärme als auch das Licht fließen in den Menschen ein, die Wärme in seinen Willen, wo sie das Gute der Liebe hervorbringt, und das Licht in seinen Verstand, wo es das Wahre der Weisheit hervorbringt.

7. Bekanntlich bezieht sich am Ende alles auf das Gute und Wahre, so dass es wirklich nichts gibt, das nicht in einer Bezie-

hung zu diesen beiden Universalien stünde.[15] Daher sind im Menschen zwei aufnehmende Organe[16] des Lebens vorhanden. Das eine ist das des Guten und heißt Wille, das andere ist das des Wahren und heißt Verstand. Und weil das Gute Sache der Liebe und das Wahre Sache der Weisheit ist, deswegen ist der Wille das aufnehmende Organ der Liebe und der Verstand das der Weisheit. Das Gute ist Sache der Liebe, weil der Mensch den Gegenstand seiner Liebe will, und wenn er ihn tatsächlich verwirklicht, dann nennt er das Gutes tun. Und das Wahre ist Sache der Weisheit, weil alle Weisheit aus dem Wahren stammt und ja auch das Gute, das ein Weiser denkt, Wahres ist, das dadurch etwas Gutes wird, dass er es will und tut.

Wer den Willen und den Verstand, diese beiden aufnehmenden Organe des Lebens nicht genauestens unterscheidet und sich von ihnen keinen klaren Begriff bildet, der bemüht sich vergeblich um eine Erkenntnis des geistigen Einflusses. Denn der erfolgt einerseits in den Willen und andererseits in den Verstand. In den menschlichen Willen erfolgt der Einfluss des Guten der Liebe, und in den menschlichen Verstand derjenige des Wahren der Weisheit; und beide stammen von JHWH Gott, unmittelbar durch die Sonne, in deren Mitte er ist, und mittelbar durch den Engelshimmel. Die beiden aufnehmenden Organe unterscheiden sich wie die Wärme und das Licht, denn der Wille nimmt die Wärme des Himmels auf, die ihrem Wesen nach Liebe ist, und der Verstand das Licht des Himmels, das seinem Wesen nach Weisheit ist.

---

15 Der Grundtext lautet: »Notum est quod universaliter omnia se referant ad Bonum et Verum, et quod non detur singulare ens in quo non relativum ad illa duo est«. Die obige Übersetzung verdankt sich auch einer Formulierung Swedenborgs in *Eheliche Liebe* 84: »Das Gute und das Wahre sind die Universalien der Schöpfung.«

16 Swedenborg bevorzugt Neutra. Daher ist im Grundtext von zwei »Receptacula vitae« die Rede. Die Formulierung »organum recipiens vitae« ist in *Wechselwirkung zwischen Seele und Körper* 13 belegt.

Es gibt auch einen Einfluss aus dem menschlichen Mentalbereich in die Sprechakte einerseits und die Handlungen andererseits. Der Einfluss in die Sprechakte erfolgt *aus* dem Willen *durch* den Verstand, der Einfluss in die Handlungen aber umgekehrt *aus* dem Verstand *durch* den Willen. Wer nur den Einfluss in den Verstand kennt und nicht auch in den Willen, und daraus logisch denkt und schließt, der sieht nur die halbe Wahrheit. Er ist wie ein Einäugiger, der die Dinge nur von einer Seite sieht, nicht auch von der anderen; oder wie ein Einarmiger, der sich, weil er nur eine Hand hat, ständig verrenken muss; oder wie ein Lahmer, der auf nur einem Fuß stehend mit seiner Krücke umherhüpft. Aus diesen wenigen Worten möge ersichtlich geworden sein, dass die geistige Wärme in den menschlichen Willen einfließt, wo sie das Gute der Liebe hervorbringt, und das geistige Licht in den Verstand, wo es das Wahre der Weisheit hervorbringt.

Satz 6

Diese zwei, die Wärme und das Licht oder die Liebe und die Weisheit, fließen von Gott vereint in die menschliche Seele ein, durch sie in das Mentale, seine Neigungen (affectiones) und Gedanken, und von dort in die Sinne, Worte und Taten des Körpers.

8. Ein geistiger Einfluss *von* der Seele in den Körper ist uns bereits von scharfsinnigen Geistern überliefert[17], nicht aber ein Einfluss *in* die Seele und durch sie in den Körper, obwohl doch bekannt ist, dass alles Gute der Liebe und alles Wahre des Glaubens von Gott in den Menschen einfließt und nichts dergleichen

[17] Die scharfsinnigen Geister könnten diejenigen antiken Philosophen sein, für die die Seele das Prinzip des Lebens ist. Aristoteles sagt von ihr, sie sei »gewissermaßen der Grund (gr. arche) der Lebewesen« (*De anima* 402a7). Und bei Platon siehe man *Phaidon* 105c9–105d5. Swedenborg grenzt sich von der Identifikation der Seele mit dem Prinzip des Lebens ab, indem er feststellt: »Die Seele ist nicht in sich selbst das Leben, sie ist vielmehr ein aufnehmendes Organ *des* Lebens, das von Gott kommt, der das Leben in sich selbst ist« (*Wechselwirkung zwischen Seele und Körper* 8).

von ihm selbst stammt. Dieser von Gott kommende Einfluss ergießt sich zunächst in die Seele, dann durch sie in das rationale Mentale[18] und dadurch schließlich in das, was den Körper bildet[19]. Wer den geistigen Einfluss anders erforscht, der gleicht einem Dummkopf, der die Ader der Quelle verstopft und dort dennoch hervorquellendes Wasser sucht; oder einem, der die Entstehung eines Baumes aus der Wurzel, nicht aber aus dem Samen ableitet; kurz einem, der Abgeleitetes ohne seinen Ursprung betrachtet.

Die Seele nämlich ist nicht in sich selbst das Leben, sie ist vielmehr ein aufnehmendes Organ *des* Lebens, das von Gott kommt, der das Leben in sich selbst ist; und jeder Einfluss ist einer des Lebens, somit einer von Gott. Deswegen heißt es: »JHWH Gott hauchte in die Nasenlöcher des Menschen die Seele der Leben[20] (animam vitarum), so wurde der Mensch eine lebende Seele (in animam viventem)« (*Genesis* 2,7)[21]. Das Einhauchen der Seele

---

18 Swedenborg unterscheidet mehrere Ebenen des Mentalen: »Beim Menschen gibt es das natürliche Mentale (mens naturalis) und das rationale Mentale (mens rationalis). Das natürliche Mentale ist in seinem äußeren Menschen, das rationale Mentale in seinem inneren.« (*Himmlische Geheimnisse* 4973; siehe auch *Himmlische Geheimnisse* 7130). Eine noch weitergehende Unterteilung entnehmen wir *Erklärte Offenbarung* 1056: »Der Mensch hat ein spirituelles Mentales (mens spiritualis), ein rationales Mentales (mens rationalis), ein natürliches Mentales (mens naturalis) und ein empirisches Mentales (mens sensualis). Durch das spirituelle Mentale ist er im Himmel und ist selbst ein Himmel in kleinster Gestalt. Durch das natürliche Mentale ist er in der Welt und ist eine Welt in kleinster Gestalt. Der Himmel beim Menschen kommuniziert mit der Welt in ihm durch das rationale Mentale, und mit dem Leib durch das empirische Mentale.«

19 Swedenborg sagt nicht, dass das rationale Mentale in den Körper einfließt, sondern »in das, was den Körper bildet (in illa quae faciunt corpus)«. Möglicherweise muss man das in Zusammenhang mit einer Aussage wie der folgenden verstehen: »Das Leben des Menschen ist in den Gehirnen (in Cerebris) in seinen Anfängen und im Körper in seinen abgeleiteten Ausgestaltungen.« (*Göttliche Liebe und Weisheit* 365). Das rationale Mentale würde demnach in das Gehirn als »in das, was den Körper bildet« einfließen.

20 Auch in der hebräischen Bibel steht Leben hier im Plural.

21 Swedenborg verwendet hier zweimal »anima«. In der hebräischen Bibel stehen jedoch zwei verschiedene Worte, nämlich neschama und nefesch. In den

der Leben in die Nasenlöcher meint das Einströmen der Wahrnehmung des Guten und Wahren. Der Herr sagt von sich: »Wie der Vater Leben in sich selbst hat, so hat er auch dem Sohn gegeben, Leben in sich selbst zu haben« (*Johannes* 5,26). Leben in sich selbst, das ist Gott; das Leben der Seele aber ist Leben, das von Gott einfließt.

Da nun jeder Einfluss ein Einfluss des Lebens ist, das durch aufnehmende Organe wirksam ist, von denen die Seele das innerste und erste im Menschen ist, deswegen muss man – will man den Einfluss richtig auffassen – von Gott ausgehen und nicht von einer mittleren Stufe. Ginge man dennoch von ihr aus, dann wäre die Lehre vom Einfluss wie ein Wagen ohne Räder oder ein Schiff ohne Segel. Aus diesem Grunde habe ich im Abschnitt 5 die Sonne der geistigen Welt, in deren Mitte JHWH Gott ist, und in den Abschnitten 6 und 7 den Einfluss der Liebe und Weisheit und somit des Lebens thematisiert.

Das von Gott ausgehende Leben fließt in den Menschen durch die Seele ein, durch sie in das Mentale, das heißt in die Neigungen und Gedanken, und schließlich in die Sinne, Sprechakte und Taten des Körpers. Denn in der aufeinanderfolgenden Ordnung sind das die drei Organe des Lebens. Das Mentale ist nämlich der Seele und der Körper dem Mentalen untergeordnet.[22] Dem Mentalen sind zwei Leben eigen, das des Willens und das des Verstandes. Das Leben des Willens ist das Gute der Liebe, deren Ableitungen Neigungen heißen; und das Leben des Verstandes ist das

---

Himmlischen Geheimnissen hatte Swedenborg diesen Unterschied noch berücksichtigt, indem er dort »spiraculum« (Odem) und »anima« (Seele) verwendete.

[22] Die Mittelstellung des Mentalen ist im Zusammenhang mit Swedenborgs Anschauungen über das Gehirn zu sehen. In »De Cerebro« schrieb Swedenborg: »Also ist nur über das Gehirn eine Verbindung zwischen Seele und Körper errichtet.« (*De Cerebro*, Übersetzung von Dr. Anneliese Fenzl, 2010, Seite 134). Da der Sitz des Mentalen das Gehirn ist (*Himmlische Geheimnisse* 5054), ist es wie sein Gehirn »das Mittlere zwischen Seele und Leib« (*Eheliche Liebe* 178). Und die beiden Hemisphären des Gehirns sind Ausdruck der Zweiteilung des Mentalen in Wille und Verstand.

Wahre der Weisheit, deren Ableitungen Gedanken heißen. Durch die Neigungen und Gedanken lebt das Mentale. Das Leben des Leibes aber sind die Sinnesempfindungen, die Sprechakte und die Taten. Diese drei Lebensäußerungen gehen von der Seele aus und durch das Mentale hindurch. Das folgt aus der Ordnung, in der sie stehen, aus welcher sich dieser Sachverhalt vor dem Weisen auch ohne ein aufwendiges Studium zeigt.

Die menschliche Seele nimmt als geistige Substanz höherer Art den Einfluss *unmittelbar* von Gott auf. Das menschliche Mentale hingegen als geistige Substanz niedrigerer Art nimmt ihn von Gott *mittelbar* durch die geistige Welt auf. Und der Körper, der aus Substanzen der Natur, aus Materie, besteht, nimmt ihn von Gott *mittelbar* durch die natürliche Welt auf.

Im Folgenden werden wir sehen, dass das Gute der Liebe und das Wahre der Weisheit verbunden, das heißt zu einer Einheit vereint, von Gott in die Seele des Menschen einfließen, dass sie aber im Fortschreiten vom Menschen getrennt werden und nur wieder bei denen, die sich von Gott führen lassen miteinander in Verbindung treten.

Satz 7

Die Sonne der natürlichen Welt ist reines Feuer, durch diese Sonne entstand und besteht die Welt der Natur.

9. Jeder ist aufgrund eigener Anschauung, der Wahrnehmung seiner Sinne und der Schriften über die Bewohntheit des Kosmos[23] davon überzeugt, dass unser Erdkreis und die anderen

---

[23] Swedenborg, der 1758 eine Werk »Über die Erdkörper« veröffentlichte, gibt hier zu erkennen, dass ihm Schriften über die Bewohntheit des Kosmos bekannt waren. Man kann an Bernard Le Bovier de Fontenelle (1657–1757) und sein Buch »Entretiens sur la pluralité des mondes« (Unterhaltungen über die Vielzahl der Welten) von 1686 oder an Christiaan Huygens (1629–1695) und sein Buch »Kosmotheoros« (der Weltbeschauer) von 1698 denken. Siehe Ernst Benz, *Kosmische Bruderschaft: Die Pluralität der Welten, Zur Ideengeschichte des Ufo-Glaubens*, 1978, Seite 27ff (Fontenelle) und Seite 31ff (Huygens). In *Daedalus Hyperboreus* 1716, Seite 82 erwähnt Swedenborg

Erdkörper einzig und allein aufgrund ihrer Sonne bestehen. Sie ist ihr Mittelpunkt und ist durch ihre Lichtstrahlen und angenehme Wärme überall gegenwärtig. Unter der Natur und ihrem Kosmos (mundus) verstehen wir hier die Atmosphären und die Erdkörper (tellures), die sogenannten Planeten, unter denen sich auch *der* Erdkreis (orbis terraqueus) befindet, auf dem wir wohnen und all das, was seine Oberfläche alljährlich schmückt. Da also das fortwährende Bestehen der Erdkörper seinen Ursprung in der Sonne hat, kann die Vernunft zweifelsfrei schließen, dass auch das Entstehen dort seinen Ursprung hat, denn fortwährendes Bestehen bedeutet, dass etwas fortwährend *so* entsteht, wie es einst entstand. Daraus folgt, dass JHWH Gott die natürliche Welt durch die natürliche Sonne als sekundäre Ursache geschaffen hat.

Bisher haben wir gesehen, dass es – vollständig voneinander unterschieden – Geistiges und Natürliches gibt und dass der Ursprung und die Erhaltung des Geistigen auf eine Sonne zurückgehen, die reine Liebe ist und in deren Mitte JHWH Gott ist, der Schöpfer und Erhalter des Weltalls. Dass aber auch der Ursprung und die Erhaltung des Natürlichen auf eine Sonne zurückgehen, die allerdings reines Feuer ist, und dass diese Sonne aus jener und beide aus Gott entstanden sind, ergibt sich von selbst, so wie sich das Spätere aus dem Früheren und das Frühere aus dem Ersten ergibt.

Alle Wirkungen der Sonne der Natur und ihrer Welten beweisen, dass sie reines Feuer ist. Zum Beispiel die Bündelung ihrer Strahlen in einem Brennpunkt durch optische Instrumente, wodurch eine heftig brennende Feuerflamme entsteht; oder die Natur ihrer Wärme, die mit der Wärme aus dem Elementarfeuer[24]

Fontenelle namentlich und zitiert aus dessen Werk »Entretiens sur la pluralité des mondes«.

24 Swedenborg hat hier »ignis elementaris«. Der zeitgenössische Vorstellungsgehalt dieses Begriffs muss noch geklärt werden. Nach *Himmlische Geheimnisse* 5079 ist die (natürliche) Sonne ein »ignis elementaris«. Nach *Himmlische Geheimnisse* 6832 hat »das Lebensfeuer (ignis vitalis) beim Menschen

vergleichbar ist; oder die Abstufungen ihrer Wärme je nach dem Einfallswinkel des Lichts, was die Klimata und die vier Jahreszeiten bedingt[25]. Aus diesen und anderen Beobachtungen kann die Vernunft mittels der Sinne ihres Körpers zu der begründeten Einsicht gelangen, dass die Sonne der natürlichen Welt einfach nur Feuer ist, Feuer in absoluter Reinheit.

Menschen, die keine Kenntnis vom Ursprung des Geistigen aus der geistigen Sonne haben, sondern nur eine vom Ursprung des

---

einen anderen Ursprung« als »das ignis elementaris«. In *Himmlische Geheimnisse* 7324 grenzt Swedenborg das »ignis elementaris« vom »geistigen Feuer (ignis spiritualis)« ab. In *Himmlische Geheimnisse* 5071 sagt Swedenborg: »Das ewige Feuer (ignis aeternus) ... ist kein ignis elementaris«. Nach *Wechselwirkung zwischen Seele und Körper* 10 ist ist das »ignis elementaris als solches relativ tot«. In all diese Zusammenhänge würde der Begriff natürliches Feuer hineinpassen. Doch Swedenborg spricht gerade nicht von einem »ignis naturalis«, welche Formulierung bei ihm eigentlich zu erwarten wäre, sondern merkwürdigerweise von einem »ignis elementaris«. Diese Beobachtung führt zu der Vermutung, dass hier eine bestimmte Tradition oder zumindest eine zeitgenössische Wortprägung hineinspielt. Obwohl ich in dieser Frage noch keine abschließende Klarheit erreicht habe, kann ich immerhin schon sagen, dass der Terminus »ignis elementaris« im 17. und 18. Jahrhunderts nachweisbar ist. So lesen wir 1612 bei Martinus Rulandus: »Ignis elementaris, id est, sulphur, sed non vulgi [Ignis elementaris, das ist Sulphur, aber nicht das gewöhnliche]« (*Lexicon Alchemiae sive Dictionarium alchemisticum*, Seite 261). Wilhelmus Arnoldus Senguerdius fragt 1661: »An detur ignis elementaris inter aerem et orbem Lunae? [Ob es ein ignis elementaris zwischen der Luft und der Bahn des Mondes gibt?]« (Wilhelmus Arnoldus Senguerdius, *Disputationum physicarum De lapidibus prima*, Amsterdam, 23. März 1661, corollarium I: ›An detur ignis elementaris inter aerem et orbem Lunae? Quodlibet‹). Abschließend noch zwei Stellen mit definierenden Charakter: »Es seynd viererley Art des Feuers / so du wissen must / das Natürliche / Unnatürliche / und das wider die Natur / und das Elementische Feuer / so das Holtz anzündet« (*Fratris Basilii Valentini Benedictiner Ordens Chymische Schriften alle / so viel derer verhanden*, Hamburg 1700, Band 1, aus der Vorrede). »Feuermaterie, Elementarfeuer nenne ich die Materie des reinen Feuers, ein sehr flüssiges, feines Wesen, das einen Bestandtheil aller Körper ausmacht« (1781 Götting. Magazin d. Wiss. III 34; in: Hans Schulz, Otto Basler, *Deutsches Fremdwörterbuch*, Band 5, 2004, Seite 80).

25 »Die Wärme wechselt je nach dem geraden oder schiefen Einfallswinkel der Sonnenstrahlen, wie es sich in den Zeiten des Winters und des Sommers in jeder Gegend zeigt« (*Himmlische Geheimnisse* 7177).

Natürlichen aus der natürlichen Sonne, sind fast gezwungen Geistiges und Natürliches zu vermengen und aus den Täuschungen ihrer Sinne und daher ihrer Vernunft zu folgern, dass Geistiges nichts anderes als reines Natürliches sei[26] und dass Weisheit und Liebe aus der durch das Licht und die Wärme angeregten Tätigkeit des Natürlichen entstehen. Weil sie mit ihren Augen nichts anderes sehen, mit ihrer Nase für nichts anderes ein Gespür haben und mit ihrer Brust nichts anderes inhalieren als die Natur, deswegen schreiben sie ihr auch die gesamte Rationalität zu und saugen somit den Naturalismus auf wie ein Schwamm das Wasser. Sie sind mit Kutschern vergleichbar, die ihr Viergespann hinten am Pferdewagen anspannen, nicht vorne.

Anders verhält es sich mit den Menschen, die Geistiges und Natürliches voneinander unterscheiden und dieses aus jenem ableiten. Sie erfassen auch, dass der Einfluss der Seele in den Körper ein geistiger ist und dass das Natürliche, das heißt das Körperliche, der Seele als Vehikel und Mittel dient, um in der natürlichen Welt die ihr entsprechenden Wirkungen hervorzubringen. Wenn du deinen Gedankengang anders entwickelst, dann bist du mit einem Krebs vergleichbar, der geht, indem er seine Schritte mit dem Schwanz voranbringt, und die Augen seinem Gang entsprechend nach hinten dreht.[27] Und das Sehen deiner Vernunft ist mit den Argusaugen am Hinterhaupt vergleichbar, während die am Vorderhaupt schlummern.[28] Wenn

---

26 Swedenborg verwendet hier die Grundform des Adjektiv (pura naturalia). In anderen Stellen verwendet er den Komparativ, beispielsweise in *Göttliche Liebe und Weisheit* 350: »Geistiges ist reineres Natürliches (purius naturale)«.

27 Da sich mir das Verständnis dieses Satzes nur teilweise erschloss, gebe ich hier auch den lateinischen Grundtext: »si aliter concludis, assimilari potes cancro, qui vadit promovendo gradus per caudam, et trahit oculos retro secundum gressum«.

28 Argos Panoptes (= Argos, der Allsehende) oder einfach Argos (lateinisch: Argus) ist eine Gestalt der griechischen Mythologie, ein Riese mit vielen Augen. »Die früheste Erwähnung gestand ihm nur vier Augen zu; später sagte man, er habe einhundert, verteilt über seinen ganzen Körper.« (Edward Tripp, *Reclams Lexikon der antiken Mythologie*, 2001, Seite 96). Indem Swe-

diese Leute vernünftig denken, dann glauben sie wirklich, sie seien Argus, denn im Brustton der Überzeugung sprechen sie: »Wer sieht nicht, dass das Weltall aus der Natur entstanden ist? Und was ist dann Gott anderes als die innerste Ausdehnung der Natur?« Und ähnlich unvernünftiges Zeug, dessen sie sich allerdings mehr rühmen als die Weisen ihrer wahrhaft vernünftigen Gedankengänge.

Satz 8

Daher ist alles, was aus dieser Sonne hervorgeht, seinem Wesen nach tot.

10. Wer sieht nicht durch das Denkvermögen (ex ratione) seines Verstandes, wenn dieser sich ein wenig über das Sinnliche des Körpers erhebt, dass die Liebe als solche lebendig und ihre Erscheinung als Feuer das Leben ist, und umgekehrt, dass das Elementarfeuer als solches vergleichsweise tot ist, dass folglich die Sonne der geistigen Welt, die ja reine Liebe ist, lebendig, die Sonne der natürlichen Welt aber, die ja reines Feuer ist, tot ist. Gleiches gilt für alles, was aus diesen Sonnen hervorgeht und sich zeigt.

Zwei Dinge sind es, die alle Wirkungen im Weltall hervorrufen: das Leben und die Natur. Sie rufen sie immer dann gemäß der Ordnung hervor, wenn das Leben von innen her die Natur in Bewegung setzt. Anders ist es, wenn die Natur von innen her das Leben zur Tätigkeit veranlasst, was bei denen der Fall ist, welche die an sich tote Natur über und in das Leben stellen und sich dementsprechend ganz und gar den Freuden der Sinne und den Lüsten des Fleisches hingeben und gleichzeitig das Geistige der Seele und das wahrhaft Vernünftige des Mentalen für nichts achten. Sie sind es, die wegen dieser Umkehrung des tatsächlichen Verhältnisses Tote heißen. In der Welt sind alle naturalistischen Atheisten und in der Hölle alle Satane so geartet.

---

denborg in seinem Spätwerk gelegentlich auf die Mythologie zurückgreift, wird eine frühe Beeinflussung Swedenborgs sichtbar.

Auch im Worte der Heiligen Schrift nennt man sie Tote: »Sie hingen dem Baal-Peor an und aßen Opfer der Toten« (*Psalm* 106,28). »Der Feind verfolgt meine Seele ... lässt mich wohnen in den Finsternissen wie die Toten der Welt[29]« (*Psalm* 143,3). »... um das Stöhnen der Gefangenen zu hören und die Söhne des Todes zu öffnen (ans Licht zu bringen)[30]« (*Psalm* 102,21). »Ich kenne deine Werke, dass du den Namen hast, dass du lebst, und bist doch tot. Sei wachend und stärke den Rest, der zu sterben droht« (*Offenbarung* 3,1–2).

Sie heißen Tote, weil der geistige Tod die Verdammnis ist, und diese wiederum ist das Schicksal derer, die glauben, das Leben entstamme der Natur und das Licht der Natur sei somit das Licht des Lebens. Dadurch verbergen, ersticken und löschen sie jede Vorstellung von Gott, vom Himmel und vom ewigen Leben aus. Sie sind daher wie Nachteulen, die Licht in der Finsternis und Finsternis im Licht sehen, das heißt Falsches als Wahres und Böses als Gutes. Und weil die Lust des Bösen ihre Herzenslust ist, sind sie *den* Vögeln und Tieren nicht unähnlich, die Kadaver verspeisen als wären es Leckerbissen und den Gestank aus den Gräbern einatmen als wären es Wohlgerüche. Auch sehen sie keinen anderen Einfluss als den physischen oder natürlichen. Wenn sie sich dennoch für einen geistigen Einfluss aussprechen, dann nicht, weil sie eine Vorstellung davon haben, sondern weil es ihr Lehrer gesagt hat.

Satz 9

Das Geistige bekleidet sich mit dem Natürlichen wie der Mensch mit einem Gewand.

---

[29] Für »wie die Toten der Welt« steht in der hebräischen Bibel »k^{e}meti olam«, was »wie die Toten der Urzeit (= wie die längst Verstorbenen)« bedeutet.

[30] Swedenborg hat »aperire (öffnen)«. Auch in der hebräischen Bibel steht »patach (öffnen)«, allerdings im Piel und somit mit der Bedeutung losbinden, befreien.

11. Bekanntlich gibt es in jeder Wirksamkeit ein Aktives und ein Passives, wobei weder allein aus dem Aktiven noch allein aus dem Passiven etwas entstehen kann. Ebenso verhält es sich mit dem Geistigen und dem Natürlichen. Das Geistige ist das Aktive, denn es ist die lebendige Kraft. Und das Natürliche ist das Passive, denn es ist die tote Kraft. Folglich ist alles, was in unserer Sonnenwelt am Anfang entstanden ist und weiterhin in jedem Augenblick entsteht, aus dem Geistigen durch das Natürliche, was nicht nur für die Lebewesen des Tierreichs, sondern auch für die des Pflanzenreichs gilt.

Bekannt ist auch das mit dem soeben genannten verwandte Gesetz, dass es bei jeder Verwirklichung eine prinzipielle und eine instrumentelle Ebene gibt und dass diese beiden im Akt des Werdens als eine Einheit erscheinen, obwohl sie doch zwei unterschiedliche Ebenen sind. Daher findet man unter den Lehrsätzen der Weisheit auch den folgenden: Die prinzipielle oder Grundursache und die instrumentelle oder Mittelursache bilden zusammen eine einzige Ursache. Somit auch das Geistige und Natürliche. Beim Akt der Verwirklichung scheinen sie eins zu sein, weil nämlich das Geistige im Natürlichen ist wie die Fiber im Muskel und das Blut in den Adern oder der Gedanke in der Rede und das Gefühl (affectio) im Ton. Auf diese Weise macht sich das Geistige durch das Natürliche sinnlich wahrnehmbar. Bisher ist sichtbar, allerdings nur wie durch einen Schleier, dass sich das Geistige mit dem Natürlichen umkleidet wie der Mensch mit einem Gewand.

Der organische Körper, mit dem sich die Seele bekleidet hat, wird hier mit einem Gewand verglichen, weil er sie bekleidet und auch weil ihn die Seele auszieht und sich von ihm wie von einer Hülle nach der Häutung trennt, wenn sie durch den Tod von der natürlichen Welt in ihre eigene geistige übersiedelt. Der Körper altert auch wie ein Kleidungsstück, nicht aber die Seele, weil sie eine geistige Substanz ist, die nichts mit den Wandlungsprozessen in der Natur gemeinsam hat, welche von Anfangs- bis Endzuständen voranschreiten und in regelmäßigen Abständen beendigt werden.

Wer den Körper nicht für das Gewand oder die Hülle der Seele hält, der an sich tot, aber so eingerichtet ist, dass er die Lebensenergie, die von Gott durch die Seele einfließt, aufnehmen kann, der kann gar nicht anders als aus Täuschungen zu schließen, dass die Seele und der Körper je aus sich leben und zwischen beiden Leben eine prästabilierte Harmonie besteht. Oder auch, dass das Leben der Seele in das Leben des Leibes oder umgekehrt das Leben des Leibes in das Leben der Seele einfließt, und so bilden sie sich einen entweder geistigen oder natürlichen Einfluss. Dabei bezeugt doch die Wahrheit durch alles Geschaffene, dass das Spätere nicht aus sich, sondern aus einem Früheren, aus dem es hervorgegangen ist, tätig ist, ebenso ist auch dieses nicht aus sich, sondern aus einem noch Früheren tätig. Und so bezeugt sie, dass am Ende gar nichts aus sich tätig ist, sondern alles aus einem Ersten, aus Gott, der als einziger wahrhaftig aus sich tätig ist. Außerdem ist das Leben einzig in seiner Art, es kann nicht erschaffen werden, aber es hat im höchsten Grade die Fähigkeit Einfluss zu nehmen, das heißt in Formen, die organisch zu seiner Aufnahme eingerichtet sind, einzufließen. Solche Formen sind alle Dinge im geschaffenen Weltall.

Viele glauben, die Seele sei das Leben und der Mensch, der ja aus *ihr* lebt, lebe somit aus seinem eigenen Leben oder aus sich, folglich nicht durch einen Einfluss des Lebens von Gott. Diese Leute können gar nicht anders: Sie müssen aus den Täuschungen, denen sie unterliegen, einen gordischen Knoten knüpfen und alle Urteile ihres Geistes (mentis) darin verwickeln, woraus ein Irrsinn nach dem anderen entsteht. Oder anders gesagt, sie müssen ein Labyrinth bauen, aus dem ihr Denken niemals durch irgendeinen Faden der Vernunft den Weg zurück finden und sich herausführen kann.[31] Tatsächlich lassen sie sich auch gleichsam in unterirdische Höhlen hinab, wo sie in ewiger Finsternis hausen.

Denn eine Unzahl von Täuschungen geht aus dem Falschen ihres Denkens hervor. Davon sind einzelne ungeheurlich, erschreckend. Beispielsweise, dass Gott sich ganz und gar in den Menschen ergossen, dass er sich ihm überschrieben habe, so dass jeder Mensch ein göttliches Wesen sei, das aus sich heraus lebe, das heißt aus sich heraus Gutes tue und weise sei. Oder dass er den Glauben und die zwischenmenschliche Liebe[32] in sich besitze, so dass er sie aus sich selbst hervorhole, nicht aus Gott. Viele weitere Verirrungen dieser Art gibt es, und zwar bei denen in der Hölle, die während ihres Lebens in der Welt geglaubt haben, die Natur lebe und bringe durch *ihre* Tätigkeit Leben (in allen erdenklichen Formen) hervor. Blicken sie zum Himmel hinauf, dann erschauen sie sein Licht als reinste Finsternis.

Einst hörte ich eine Stimme aus dem Himmel, jemand sagte: Wäre auch nur ein Funke des Lebens im Menschen sein eigen und nicht das Eigentum Gottes in ihm, dann gäbe es keinen Himmel, nichts gäbe es dort; und auf Erden gäbe es keine Kirche und daher kein ewiges Leben.

Weiteres zu diesem Thema entnehme man der Denkwürdigkeit *Eheliche Liebe* 132–136.

---

31 Swedenborg denkt hier wohl an den Ariadnefaden, mit dem Theseus den Weg aus dem Labyrinth des Minotaurus fand. Wieder ein Hinweis auf die Präsenz mythologischer Motive im Denken Swedenborgs.

32 Im Grundtext steht charitas. Die klassische Übersetzung war Lieb(e)thätigkeit. Um also amor und charitas im Deutschen unterscheiden zu können, wurde der Aspekt der Tätigkeit hervorgehoben. Das stößt sich aber etwas mit einer Formulierung Swedenborgs wie der folgenden: »Charitas bedeutet Gutes *wollen* und gute Werke bedeuten Gutes *tun* aus dem Wollen des Guten« (*Wahre Christliche Religion* 374). Mit der Charitas bleiben wir also noch in der Sphäre des Wollens, das freilich in die Tat übergehen will. Ich habe mich deswegen für zwischenmenschliche Liebe entschieden.

Satz 10

Das so im Menschen bekleidete Geistige bewirkt, dass er rational und ethisch, also geistig-natürlich leben kann.

12. Dieser Satz folgt als Schluss aus dem oben begründeten Grundsatz, dass sich die Seele mit einem Körper wie der Mensch mit einem Gewand umkleidet. Die Seele fließt nämlich in das menschliche Mentale ein und dadurch in den Körper und führt das Leben mit sich, das sie ständig vom Herrn empfängt, und überträgt es auf diese Weise mittelbar auf den Körper, wo sie durch die engste Einheit mit ihm den Anschein erweckt, als lebe er. Daher und aus tausend Zeugnissen der Erfahrung ist klar, dass das Geistige, das mit dem Materiellen wie eine lebendige Kraft mit einer toten vereinigt ist, bewirkt, dass der Mensch vernünftig redet und moralisch handelt.

Die Zunge und die Lippen reden zwar scheinbar aus einem ihnen innewohnenden, eigenen Leben, aus dem scheinbar auch die Arme und Hände handeln, aber der Gedanke ist es, der redet, und der Wille ist es, der handelt, denn sie sind geistig ihrem Wesen nach. Sie reden und handeln durch ihre organischen Werkzeuge, die entnommen aus der natürlichen Welt materiell sind. Dieser Sachverhalt ist leicht einsehbar. Man achte nur einmal darauf, dass der Mund augenblicklich verstummt, sobald man den Gedanken aus der Rede entfernt, und die Hand augenblicklich untätig wird, sobald man den Willen aus der Handlung entfernt.

Die Vereinigung des Geistigen mit dem Natürlichen und daher der Anschein von Leben in materiellen Organismen ist mit edlem Wein in einem reinen Schwamm vergleichbar, mit dem süßem Most in einer Traube, dem wohlschmeckenden Saft in einer Frucht und dem würzigen Geruch im Zimt. Die Fasern des Schwammes, der Traube usw. bestehen aus Stoffen, die als solche gar keinen Geschmack oder Geruch haben, ihn vielmehr den Flüssigkeiten in und zwischen ihnen verdanken, weswegen sie nach dem Auspressen des Saftes totes Gewebe sind. So verhält es sich auch mit den Organen des Leibes, wenn man das Leben wegnimmt.

Dass der Mensch aus der Vereinigung des Geistigen mit dem Natürlichen ein rationales Wesen ist, geht aus seinem Denken hervor, insofern es ein analytisches ist, und dass er ein moralisches ist, geht aus seinen Taten und Gesten hervor, insofern sie anständige und höfliche sind. Beides ist er, weil er die Fähigkeit hat, den Einfluss aufzunehmen vom Herrn durch den Engelshimmel, wo die eigentliche Wohnstätte der Weisheit und Liebe und somit der Rationalität und Moralität ist. Daraus kann man nun erkennen, dass das im Menschen vereinte Geistige und Natürliche bewirkt, dass er als ein geistig-natürlicher lebt. Auch nach dem Tode ist das so, aber nicht ganz so. Denn seine Seele ist dann mit einem substanziellen Leib bekleidet, so wie sie in der natürlichen Welt mit einem materiellen bekleidet war.

Viele glauben, die Wahrnehmungen und Gedanken des Mentalbereichs, die ja geistig sind, flößen deswegen nackt, ohne Zuhilfenahme organischer Formen ein. Solche Hirngespinste können jedoch nur die haben, die noch nie das Innere des Kopfes, den Ausgangspunkt aller Wahrnehmungen und Gedanken, gesehen haben. Dort gibt es Gehirne, gewoben aus Substanzen, nämlich der grauen und der Marksubstanz, ferner Drüsen, Höhlen und Wände, und all das ist mit Membranen und Hirnhäuten umgeben.[33] Dem unversehrten oder krankhaft veränderten Zustand dieser Gehirnteile gemäß denkt und will der Mensch gesund oder ungesund; vernünftig und moralisch ist er daher je nach der organischen Bildung seines Mentalbereichs.[34] Denn das vernünf-

---

[33] Im Hintergrund dieser wahrlich nur summarischen Aussage steht Swedenborgs gesamte Gehirnforschung. Der deutschsprachige Leser kann sich von ihr einen Eindruck verschaffen, indem er Swedenborgs Werk »De Cerebro«, 2010 bei Jolandos erschienen, liest. Obwohl Swedenborg 1769 schon längst der mit Visionen begabte Theologe ist, kommt hier noch einmal der große anatomische Forscher durch.

[34] Das ist eine vor dem Hintergrund der Neurowissenschaften sehr interessante Aussage, denn in ihr macht Swedenborg mentale Zustände vom Gehirn als ihrer organischen Grundlage abhängig. Swedenborg wird dadurch aber nicht zu

tige Sehen des Menschen, das heißt der Verstand, wäre ohne Formen, die zur Aufnahme des geistigen Lichts organisch eingerichtet sind, nicht als etwas Reales aussagbar[35], wie ja auch das natürliche Sehen nicht wirklich aussagbar ist ohne die Augen.

Satz 11

Die Aufnahme dieses Einflusses richtet sich nach dem Zustand der Liebe und Weisheit beim Menschen.

13. Oben zeigte ich, dass der Mensch nicht *das* Leben ist, sondern nur ein Organismus, bestimmt zur Aufnahme des Lebens von Gott, und dass die Liebe im Verbund mit der Weisheit *das* Leben ist, und schließlich dass Gott die Liebe selbst und die Weisheit selbst und somit auch das Leben selbst ist. Daraus folgt, dass der Mensch, insoweit er die Weisheit liebt oder sie bei ihm im Schoße der Liebe angesiedelt ist, ein Bild Gottes ist, das heißt ein Gefäß für das Leben von Gott. Und umgekehrt, insoweit er der gegenteiligen Liebe und daher dem Wahnsinn verfallen ist, nicht von Gott, sondern von der Hölle das Leben aufnimmt, das eigentlich Tod heißt.

Die Liebe und die Weisheit sind als solche genau genommen nicht das Leben, sondern das Sein des Lebens. Was das Leben ausmacht, das sind die Genüsse der Liebe und die Freuden der Weisheit, das sind die Gefühle (affectiones); durch sie tritt das

---

einem Vertreter des Funktionalismus, für den mentale Zustand nichts anderes als funktionale Zustände eines Systems sind.

35 Der Grundtext lautet: »Visus rationalis hominis ... absque formis ... foret nullius praedicationis«. Wörtlich übersetzt heißt das: »Das vernünftige Sehen des Menschen wäre ... ohne Formen ... keiner Aussage«. Der Genitiv »nullius praedicationis« bedeutet hier, dass das vernünftige Sehen des Menschen ohne die organische Grundlage des Gehirns ein reines Gedankending ohne Realität wäre. Diese Bedeutung des Genitivs tritt deutlich in *Wahre Christliche Religion* 20 hervor. Dort wird von den geometrischen Punkten und Linien gesagt, dass sie, »weil sie keiner Aussage (nullius praedicationis) sind, als solche kein Etwas sind«. Keiner Aussage fähig sind also Dinge, die nur in der Gedankenwelt existieren, und sich nicht in Formen der Raum-Zeit-Welt verwirklichen.

Sein des Lebens ins Dasein, wird erlebbar. Der Einfluss des Lebens von Gott bringt jene Genüsse und Freuden mit sich, wie ja auch der Einfluss des Lichts und der Wärme im Frühling das menschliche Gemüt (mentes) erheitert, ebenso alle Vögel und Tiere, ja sogar die Pflanzen, die dann sprossen und aufblühen. Denn die Genüsse der Liebe und die Freuden der Weisheit erweitern die Sinne (animos)[36] und machen sie empfänglich, so wie Spaß und Fröhlichkeit die Gesichtszüge erweitern und sie für den Einfluss der heiteren Stimmung der Seele empfänglich machen.

Der Mensch, den die Liebe zur Weisheit anregt, ist wie der Garten in Eden, in dem zwei Bäume sind, der des Lebens und der des Wissens von Gut und Böse[37]. Der Baum des Lebens ist die Aufnahme der Liebe und Weisheit aus Gott. Der Baum des Wissens von Gut und Böse aber ist die Aufnahme dieser beiden aus sich selbst. Dieser so beschaffene Mensch ist unsinnig, obgleich er selbst meint, er sei ebenso weise wie Gott. Jener andere aber ist wahrlich weise. Und doch glaubt er, niemand sei weise außer allein Gott, ein Mensch aber sei nur insoweit weise als er das glaubt oder sogar fühlt, wie er will, dass allein Gott weise sei.

---

[36] Swedenborg gebraucht hier das einzige Mal im vorliegenden Werk das Wort »Animus«. In dem posthum veröffentlichten Werk »De Anima« (1742) spielte der Animus noch eine wichtige Rolle. Carolyn Blackmer schreibt: »Anima, mens, animus: this is the many-leveled form of the human mind, so organized that it can learn not only about the world but about itself.« (*Essays On Spiritual Psychology: Reflections on the thought of Emanuel Swedenborg*, 1991, Seite 28). Der Mentalbereich (mens) lag in dieser Konzeption also zwischen Anima und Animus. Und im Sinne einer Begriffsklärung schrieb er: »Der Animus ist das Leben der Sinneswahrnehmungen (vita sensationum).« (*De Amina*, 1849, Seite 140).

[37] Üblicherweise heißt dieser Baum derjenige der Erkenntnis des Guten und Bösen. Da nun aber Swedenborg »arbor scientiae« hat, wählte ich als Übersetzung »Baum des Wissens«, zumal scientia (Wissen und Wissenschaft) bei Swedenborg mit der Konnotation des Empirischen verbunden ist. Der Sündenfall bestand darin, dass der Mensch den Sinnen mehr Glauben schenkte als dem Geist.

Mehr darüber steht in der Denkwürdigkeit *Eheliche Liebe* 132–136.

Zur Bestätigung möchte ich ein Geheimnis aus dem Himmel anfügen: Alle Engel des Himmels wenden dem Herrn als der Sonne ihre Stirnseite und somit ihr Gesicht zu. Alle Engel der Hölle aber kehren ihm die Rückseite ihres Kopfes zu. Dementsprechend nehmen sie den Einfluss in die Triebe (affectiones) ihres Willens auf, die ihrem Wesen nach Begierden sind, und bewirken, dass der Verstand zum Handlanger ihrer Interessen wird. Anders die Engel des Himmels, sie nehmen den Einfluss in die Neigungen (affectiones) ihres Verstandes auf und bewirken, dass sich der Wille von ihm bestimmen lässt. Daher sind sie weise, die anderen aber töricht. Der menschliche Verstand (hier im Sinne von das menschliche Bewusstsein) wohnt nämlich im Großhirn, das hinter der Stirnseite ist, der Wille hingegen (oder das motorische Zentrum) im Kleinhirn, das im Hinterkopf liegt.

Wer weiß nicht, dass ein Mensch, der aus dem Falschen töricht ist, seine bösen Leidenschaften hätschelt und sie durch rationale Darlegungen aus dem Verstand rechtfertigt, und dass im Unterschied dazu ein Mensch, der aus dem Wahren weise ist, sieht, wie die Gelüste seines Willens geartet sind, und sie zügelt. Der Weise tut das, weil er sein Angesicht Gott zuwendet, das heißt an Gott glaubt, aber nicht an sich. Der Tor aber tut jenes andere, weil er sein Angesicht von Gott abwendet, das heißt an sich glaubt, an Gott aber nicht. An sich glauben bedeutet, glauben, man liebe und sei weise aus sich, nicht aus Gott. Und das ist mit dem Essen vom Baum des Wissens von Gut und Böse gemeint. Hingegen an Gott glauben bedeutet, glauben, man liebe und sei weise aus Gott, nicht aber aus sich, was mit dem Essen vom Baum des Lebens gemeint ist (*Offenbarung* 2,7).

Hieraus kann man nun erkennen, allerdings nur wie beim nächtlichen Mondschein, dass sich der von Gott kommende Einfluss des Lebens nach dem beim Menschen vorhandenen Zustand der Liebe und Weisheit richtet. Der Einfluss lässt sich sodann durch einige Beobachtungen aus der natürlichen Welt veranschaulichen. Beispielsweise durch den des Lichtes und der Wärme in die Pflanzen. Denn diese blühen und bringen Früchte in Abhängigkeit von der Zusammensetzung der Fasern, aus denen sie gestaltet sind, somit in Abhängigkeit von der strukturellen Empfänglichkeit[38]. Oder durch den Einfluss von Lichtstrahlen auf Edelsteine, die daraus ihr Farbenspiel entfalten, und zwar in Abhängigkeit von der Lage der Facetten, die den Schliff bilden, somit wiederum in Abhängigkeit von der Empfänglichkeit. Oder durch optische Gläser und die Wasserstropfen des Regens, durch die Regenbögen in Abhängigkeit von dem Einfallswinkel, der Brechung und somit der Aufnahme des Lichts entstehen. Ganz ähnlich verhält es sich mit dem Mentalen der Menschen in Bezug auf das geistige Licht, das vom Herrn als der Sonne ausgeht und ununterbrochen einfließt, aber sehr unterschiedlich aufgenommen wird.

Satz 12

Der Verstand des Menschen kann in das Licht, in die Weisheit, erhoben werden, in der die Engel des Himmels sind, je nach der Ausbildung seiner Vernunft; und ebenso sein Wille in die Wärme, in die Liebe, je nach den Taten seines Lebens. Jedoch wird die Liebe des Willens nur insoweit erhoben, als der Mensch das will und tut, was die Weisheit des Verstandes lehrt.

14. Unter dem menschlich Mentalen verstehen wir seine zwei Vermögen, die Verstand und Wille heißen. Der Verstand ist das aufnehmende Vermögen für das Licht des Himmels, das seinem Wesen nach Weisheit ist. Und der Wille ist das aufnehmende Vermögen für die Wärme des Himmels, die ihrem Wesen nach Liebe ist, wie oben gezeigt. Beide, Liebe und Weisheit, gehen vom Herrn als der Sonne aus und fließen in den Himmel und all seine

---

[38] Bei Swedenborg steht hier einfach nur: »ita secundum receptionem«. Wörtlich übersetzt heißt das: »somit gemäß der Aufnahme«. Der Sinn scheint mir jedoch der oben ausgedrückte zu sein.

Teile ein, woher die Engel ihre Weisheit und Liebe haben. Sie fließen auch in unsere Welt mit allem, was zu ihr gehört, ein, woher die Menschen Weisheit und Liebe haben.

Vereint gehen sie vom Herrn aus, vereint fließen sie auch noch in die Seelen der Engel und Menschen ein, aber nicht mehr vereint werden sie in ihr Mentales aufgenommen. Hier wird zuerst das Licht, das den Verstand bildet, empfangen und dann nach und nach auch die Liebe, die den Willen bildet. Das ist so vorgesehen, weil ein jeder von neuem geschaffen, das heißt geistig neu geformt, werden muss, und das geschieht durch den Verstand. Der Mensch sammelt nämlich von Kindheit an Kenntnisse des Wahren und Guten, die ihn lehren gut zu leben, das heißt das Richtige zu wollen und zu tun. So wird der Wille durch den Verstand geformt.

Zu diesem Zweck ist dem Menschen die Fähigkeit gegeben, seinen Verstand beinahe in das Licht der Engel des Himmels zu erheben, damit er sehen kann, was er zu wollen und anschließend zu tun hat, um glücklich zu sein in der Welt zeitlich und selig nach dem Tod ewig. Glücklich und selig wird er, wenn er Weisheit erwirbt und seinen Willen ihr gegenüber im Gehorsam hält; unglücklich und unselig hingegen, wenn er den Verstand unter den Gehorsam des Willens stellt. Denn der neigt von Geburt an allem Bösen, selbst dem schrecklichsten zu. Daher würde sich der Mensch ohne die Bändigung seines Willens durch den Verstand in Untaten stürzen, ja er würde aus der ihm angeborenen tierischen Natur selbstsüchtig alle ausplündern und abschlachten, die ihm nicht geneigt und unterwürfig sind.

Außerdem wäre der Mensch gar kein Mensch, sondern ein Tier, wenn er den Verstand nicht separat vervollkommnen könnte und anschließend den Willen durch ihn. Denn ohne diese Unabhängigkeit und den Aufstieg des Verstandes über den Willen wäre ihm das spezifisch Menschliche nicht eigen: Er könnte nicht denken und aus dem Denken reden, sondern nur seine Stimmung (affectionem) durch unartikulierte Laute äußern. Er könnte auch nicht aus der Vernunft tätig sein, sondern nur aus einem Instinkt heraus. Und schon gar nicht könnte er Göttliches und dadurch Gott erkennen und so mit ihm verbunden werden und ewig leben. Der Mensch denkt und will wie von sich aus, und genau das ist das Gegenseitige der Verbindung, das erforderlich ist, weil nämlich eine Verbindung ohne Gegenseitigkeit nicht zustande kommen kann, wie ja auch die Verbindung des Aktiven mit dem Passiven ohne eine Reaktion seitens des passiven Akteurs undenkbar ist. Gott allein handelt aktiv,[39] der Mensch aber kann nur passiv handeln, er kann nur reagieren, allem Anschein nach zwar wie von sich aus, in Wahrheit aber innerlich von Gott aus.

Hat man das einmal richtig verstanden, dann kann man daraus erkennen, wie die Liebe des menschlichen Willens beschaffen ist, wenn sie durch den Verstand erhoben wird, auch wie sie beschaffen ist, wenn das nicht der Fall ist, und wie somit der Mensch beschaffen ist. Die folgenden Vergleiche veranschaulichen seine Wesensart, wenn seine Liebe nicht erhoben wurde: Er ist dann wie ein Adler, der sich in die Höhe schwingt. Sobald er aber unten eine Beute erblickt, die seine Begierde weckt – Hühner, Schwäne, ja sogar Lämmer – stürzt er sich augenblicklich hinab und verschlingt sie. Er ist auch wie ein Ehebrecher, der sich unten in einem geheimen Verließ eine Gespielin hält, zeitweise aber in den oberen Bereich seines Hauses hinaufsteigt, wo er vor den Anwesenden weise Reden über die Keuschheit schwingt, dann aber aus dieser Gesellschaft davoneilt, um seine Geilheit wieder unten mit der Gespielin zu befriedigen. Ferner ist er mit einem Dieb auf einem Turm vergleichbar, der so tut, als halte er Wache. Sobald er aber unten etwas Begehrenswertes erspäht, eilt er schnellen Schrittes hinab, um es zu erbeuten. Schließlich kann man ihn mit Sumpffliegen vergleichen, die

---

[39] Denkt Swedenborg hier an das erste unbewegt Bewegende des Aristoteles?

säulenförmig über dem Kopf eines Pferdes[40] fliegen, solange es sich bewegt, aber, sobald es stehen bleibt, hinabschwirren, um sich in ihrem Sumpf zu versenken. So ist der Mensch beschaffen, dessen Wille oder Liebe nicht durch den Verstand erhoben wird, dessen Liebe daher unten am Fuße (am Natürlichen) bleibt, versunken im Morast des Materiellen und den Reizen des Sinnlichen. Ganz anders jene, die das Drängen der Triebe ihres Willens durch die Weisheit ihres Verstandes bändigen. Bei ihnen geht der Verstand nach einer gewissen Zeit den Bund der Ehe mit dem Willen ein, daher auch die Weisheit mit der Liebe, und oberhalb ihrer unwiedergeborenen Triebnatur wohnen sie im Wonnegefühl des Geistigen beisammen.

Satz 13
Ganz anders verhält es sich bei den Tieren.

15. Wer allein nach dem Schein urteilt, der sich den körperlichen Sinnen darbietet, der kommt zu dem Schluss, dass die Tiere ebenso Willen und Verstand haben wie die Menschen und dass daher der einzige Unterschied darin besteht, dass der Mensch reden und somit aussprechen kann, was er denkt und fühlt, während es das Tier nur durch Laute äußern kann. Tiere haben jedoch weder Willen noch Verstand, sondern nur etwas Ähnliches, ein Analogon[41], so der Fachausdruck.

Der Mensch ist Mensch, weil sein Verstand über das Verlangen seines Willens erhoben werden und es somit von oben erkennen, sehen und auch lenken kann. Das Tier hingegen ist Tier, weil sein Verlangen es dazu bestimmt zu tun, was es tut. Deswegen ist der Mensch dadurch Mensch, dass sein Wille unter dem Gehorsam des Verstandes steht, während das Tier dadurch Tier ist,

---

[40] Möglicherweise muss man zum Verständnis dieses Vergleichs bedenken, dass ein Pferd das Verstehen oder Verständnis (intellectuale) bezeichnet (*Himmlische Geheimnisse* 7024). Der Vergleich besagt dann: Ein aktives Verständnis hat die Leidenschaften im Griff.

[41] Die philosophisch interessanten Begriffe »Analogon« und »Analogia« verwendet Swedenborg nur selten.

dass sein Verstand unter dem Gehorsam seines Willens steht. Daraus ergibt sich der Schluss: Der Verstand des Menschen ist ein lebendiger und daher wahrer, weil er nämlich das aus dem Himmel einfließende Licht aufnimmt, es als das seinige ergreift und ansieht, und aus ihm in jeder Hinsicht analytisch denkt und das allem Anschein nach ganz selbständig. Und ebenso ist auch sein Wille ein lebendiger und daher wahrer, weil er die einfließende Liebe des Himmels aufnimmt und aus ihr tätig ist, als wäre er es aus eigenem Antrieb. Bei den Tieren liegen die Dinge anders.

Deswegen werden diejenigen, die aus den Gelüsten des Willens denken, den Tieren ähnlich und sie erscheinen in der geistigen Welt von ferne auch als solche. Ja sie verhalten sich sogar wie Tiere, mit dem einzigen Unterschied, dass sie anders könnten, wenn sie wollten. Diejenigen aber, die die Gelüste ihres Willens durch den Verstand in Schranken weisen und daher vernünftig und weise handeln, erscheinen in der geistigen Welt als Menschen und sind Engel des Himmels.

Mit einem Wort, Wille und Verstand hängen bei den Tieren immer zusammen. Und da der Wille an sich blind ist, denn er gehört ja der Wärme, nicht dem Lichte, an, macht er auch den Verstand blind, weshalb ein Tier weder weiß noch versteht, was es tut. Dennoch ist es tätig, und zwar aufgrund eines Einflusses aus der geistigen Welt. Diese Tätigkeit ist aber bloß eine des Instinkts.

Man meint, ein Tier denke mit Verstand und daher sei sein Handeln ein kognitives. Das ist aber keineswegs so. Vielmehr wird es – unter Einbeziehung seiner biologischen Sinne – durch seine natürliche Triebausstattung (amor), die ihm seit der Schöpfung angeboren ist, zu dem Verhalten veranlasst, das für seine Art typisch ist. Dass der Mensch denkt und spricht, hat einzig und allein darin seinen Grund, dass sich sein Verstand vom Willen trennen und bis ins Licht des Himmels erheben lässt, denn der Verstand denkt und das Denken spricht.

Dass die Tiere im Einklang mit den Gesetzen der Ordnung leben, die ihrer Natur eingeschrieben sind, so dass einige sogar sittlich und vernünftig zu handeln scheinen, anders als so mancher Mensch, hat einen einfachen Grund: Ihr Verstand befindet sich in einem blinden Gehorsam gegenüber den Instinkten ihres Willens, weswegen sie diese nicht wie wir Menschen durch abnormales Sinnen und Trachten pervertieren können. Dabei muss man selbstverständlich immer im Auge behalten, dass unter dem »Willen« und dem »Verstand« der Tiere nur etwas diesen menschlichen Vermögen Ähnliches und Analoges zu verstehen ist. Analoga heißen sie wegen des Anscheins.

Das Leben eines Tieres ist mit einem Nachtwandler vergleichbar, der angetrieben durch seinen Willen umhergeht und handelt, während sein Verstand (oder Wachbewusstsein) schläft. Auch mit einem Blinden, der einen Weg geht, indem er sich von einem Hund führen lässt. Und einem geistig Behinderten, der seine Arbeit aus Gewohnheit und somit nach einem antrainierten Schema vorschriftsgemäß verrichtet. Und schließlich mit einem Menschen ohne Gedächtnis und daher auch ohne Verstand; auch der versteht sich zu bekleiden, schmackhaft zu essen, das andere Geschlecht zu lieben, auf den Straßen von Haus zu Haus zu gehen und all das zu tun, was den Sinnen und dem Fleisch wohltut, von deren Reizen und Gelüsten er getrieben wird, obgleich er nicht denkt und daher auch nicht reden kann.

Daraus geht nun hervor, wie sehr sich die irren, die glauben, die Tiere erfreuten sich der Gabe der Vernunft und der einzige Unterschied zum Menschen bestünde in der äußeren Gestalt und darin, dass sie die Gedanken, die in ihnen verborgen sind, nicht aussprechen können. Aus solch fehlgeleiteten Ansichten schließen viele sogar: Wenn der Mensch nach dem Tod weiterlebt, dann muss es auch das Tier. Und umgekehrt: Wenn das Tier nach dem Tod nicht weiterlebt, dann kann das auch beim Menschen nicht der Fall sein. Ganz zu schweigen von anderen Träumereien. Sie alle entstehen aus der Unkenntnis über den Willen und den Verstand und auch über die Grade, durch die das

Mentale des Menschen wie auf einer Leiter zum Himmel emporsteigt.

Satz 14

Es gibt drei Grade in der geistigen Welt und drei in der natürlichen; der gesamte Einfluss geht ihnen gemäß vonstatten.

16. Durch die Erforschung der Ursachen aus den Wirkungen entdeckt man, dass es Grade[42] von zweierlei Art gibt, eine, in der es etwas Vorhergehendes und etwas Nachfolgendes gibt, und eine andere, in der es etwas Größeres und etwas Kleineres gibt. Grade, bei denen man etwas Vorhergehendes und etwas Nachfolgendes unterscheiden kann, sind als Höhen- oder diskrete, das heißt gesonderte Grade zu bezeichnen. Grade hingegen, durch die etwas Größeres von etwas Kleinerem unterschieden wird, sind als Breiten- und stetige oder kontinuierliche Grade zu bezeichnen.

Höhen- oder diskrete Grade sind wie die Zeugungen und Zusammensetzungen des Einen aus dem Anderen. So setzt sich ein Nerv aus mehreren Faszikeln zusammen, die ihrerseits aus vielen Einzelfasern bestehen. Oder Hölzer, Steine und Metalle aus Teilen und diese aus Teilchen. Demgegenüber sind Breiten- oder stetige Grade wie die Zu- und Abnahme desselben Höhengrades in Bezug auf seine Breite, Länge, Höhe und Tiefe, also wie das Zu- und Abnehmen der Volumina des Wassers, der Luft oder des Äthers oder auch der Massen von Holz, Gestein oder Metall.

---

[42] Lateinisch »Gradus« ist hier ein Fachbegriff der Philosophie Swedenborgs. Zusätzlich zu den Erläuterungen, die Swedenborg hier gibt, sei darauf hingewiesen, dass die Grundbedeutung von Gradus Schritt ist, denn das Substantiv ist von gradior, das heißt Schritte machen, schreiten, einherschreiten, abgeleitet. Die nächste Bedeutung ist dann Stufe. In diesem Sinne verwendet Swedenborg das Wort beispielsweise in *Göttliche Vorsehung* 36: »Die Engel erklärten, sie stellten sich die Weisheit als einen prächtig geschmückten Palast vor, zu dem man auf zwölf Stufen (gradus) emposteigt«. Aus diesen basalen Bedeutungen werden dann die philosophischen Bedeutungen – diskrete und stetige Grade – verständlich.

Alles in der geistigen und der natürlichen Welt ist als Ganzes und in seinen Bestandteilen seit Anbeginn der Schöpfung nach diesen beiden Arten von Graden aufgebaut. Das gesamte Tierreich unserer Welt als Ganzes und in seinen Einzelheiten, das gesamte Pflanzenreich, das gesamte Mineralreich wie auch das atmosphärische Feld[43] von der Sonne bis zu unserem Erdkörper, alles ist nach diesen Graden strukturiert.

Daher gibt es drei Atmosphären, die nach Art der Höhengrade diskret getrennt sind; drei Atmosphären sowohl in der geistigen als auch in der natürlichen Welt, weil es hier wie dort eine Sonne gibt. Aufgrund des unterschiedlichen Ursprungs sind die der geistigen Welt substanziell, die der natürlichen aber materiell. Und da die Atmosphären von ihren Ursprüngen den Höhengraden entsprechend niedersteigen und zugleich Behälter und eine Art Transportmittel des Lichts und der Wärme sind, folgt, dass es auch drei Grade des Lichts und der Wärme gibt. Und da das Licht in der geistigen Welt seinem Wesen nach Weisheit und die Wärme ihrem Wesen nach Liebe ist, wie ich oben gezeigt habe, folgt zweitens, dass es drei Grade der Weisheit und der Liebe und somit auch drei Grade des Lebens gibt. Denn die Weisheit und die Liebe werden durch die Medien, durch die sie hindurchgehen, in die entsprechenden Grade zerlegt.

Daher gibt es drei Engelshimmel: den obersten oder dritten, wo die Engel des obersten Grades sind, den mittleren oder zweiten, wo die Engel des mittleren Grades sind, und den untersten oder ersten, wo die Engel des untersten Grades sind. Diese Himmel sind auch nach den Graden der Weisheit und Liebe unterscheidbar. Denn die Bewohner des untersten Himmels lieben es, das Wahre und Gute zu *wissen*. Die des mittleren Himmels lieben es aber, diese Dinge auch zu *verstehen*. Und die des obersten Him-

---

[43] Im lateinischen Grundtext steht »Expansum Atmosphaericum« (= atmosphärische Ausdehnung). Ich habe Expansum (Ausdehnung) mit Feld übersetzt, das heißt mit einem Begriff aus der Physik.

mels lieben es schließlich, *weise zu sein*, das heißt nach dem Wissen und dem Verständnis zu leben.

Da nun die Engelshimmel in drei Grade unterschieden sind, ist es auch der menschliche Mentalbereich, weil er ein Abbild des Himmels ist, das heißt ein Himmel in kleinster Gestalt. Daher kann der Mensch ein Engel eines der drei Himmel werden, und zwar je nach der Aufnahme der Weisheit und Liebe vom Herrn: ein Engel des untersten Himmels, wenn er lediglich die Liebe, die das Wahre und Gute *wissen* will, aufnimmt; ein Engel des mittleren Himmels, wenn er die Liebe, die diese Dinge auch *verstehen* will, aufnimmt; und ein Engel des obersten Himmels, wenn er die Liebe *weise zu sein* aufnimmt, jene Liebe, die das angeeignete Wissen und das herangereifte Verständnis auch wirklich leben will. Die Unterteilung des menschlichen Mentalbereichs den Himmeln entsprechend in drei Regionen ist auch in der Denkwürdigkeit *Eheliche Liebe* 270 nachlesbar. Aus dem Gesagten ist zweierlei ersichtlich. Jeder geistige Einfluss, der bis zum (irdischen) Menschen vordringt und dann auch in ihn eingeht, steigt ausgehend vom Herrn durch diese drei Grade hernieder. Und zweitens, aufgenommen wird er vom Menschen gemäß *dem* Grad der Weisheit und Liebe, in dem er sich befindet.

Die Kenntnis dieser Grade ist heutzutage von größtem Nutzen, da viele, weil sie kein Wissen von ihnen haben, im untersten Grade, dem ihrer körperlichen Sinne, stehen und stecken bleiben, und aus dieser Unkenntnis, die eine Finsternis des Verstandes ist, nicht in das geistige Licht erhoben werden können, das über ihnen ist. Daher geraten sie praktisch von selbst in den Naturalismus, sobald sie sich auf Forschungen und Untersuchungen über die Seele, den menschlichen Mentalbereich und dessen Rationalität einlassen, und mehr noch, wenn sie über den Himmel und das Leben nach dem Tode wissenschaftlich arbeiten wollen. Sie werden, um ein Bild zu gebrauchen, wie die Leute, die auf den Marktplätzen stehen mit Fernrohren in den Händen und in den Himmel gucken und dann nichtssagende Weissagungen von sich geben.[44] Oder wie die, die über alles Gesehene und Gehörte quasseln und ihre Meinung vom Stapel lassen, ohne dass auch nur ein Fünkchen echter Rationalität aus dem Verstand darin enthalten ist. Sie sind wie Fleischer, die glauben, sie seien in der Anatomie bewandert, nur weil sie die Eingeweide von Rindern und Schafen äußerlich betrachtet haben, innerlich aber noch nie.

Wahr ist also, dass das Denken aus dem Einfluss des natürlichen Lichtes (luminis naturalis), wenn es nicht durch den Einfluss des geistigen Lichtes erleuchtet ist, nichts anderes als Träumen ist, und das Reden aus einem solchen Denken, nichts anderes als Faseln. Alles weitere über diese Grade steht in dem Werk über *Die göttliche Liebe und die göttliche Weisheit*, Amsterdam 1763, Nr. 173–281.[45]

Satz 15

Die Zwecke befinden sich auf der ersten Stufe, die Ursachen auf der zweiten und die Wirkungen schließlich auf der dritten.

17. Wer sieht nicht, dass der Zweck nicht die Ursache ist, sondern sie hervorbringt, und dass die Ursache nicht die Wirkung ist, sondern sie hervorbringt, dass also drei Dinge zu unterscheiden sind, die der Ordnung nach aufeinander folgen. Der Zweck bei einem Menschen ist die Liebe seines Willens, denn was ein Mensch liebt, das setzt er sich zum Ziel und beabsichtigt er. Die Ursache bei ihm ist das rationale Vermögen seines Verstandes, denn dadurch sucht der Zweck oder das intendierte Ziel nach den vermittelnden oder bewirkenden Ursachen. Und die Wirkung ist die Wirksamkeit oder Werktätigkeit des Körpers aus den Zwec-

---

[44] Hier zeigt sich sehr deutlich, dass die Bilder Swedenborgs auch der Alltagswelt entnommen sind.

[45] Diesen umfangreichen Teil des Werkes über »die göttliche Liebe und die göttliche Weisheit«, in dem Swedenborg seine Lehre von den Graden ausführlich darstellt, konnte ich im Unterschied zu den sehr viel kürzeren Denkwürdigkeiten aus der »ehelichen Liebe« in die vorliegende Ausgabe nicht integrieren.

ken und gemäß den Ursachen. So gibt es also drei Realisierungsebenen im Menschen, die der Ordnung nach aufeinander folgen, ganz so wie die Höhengrade. Wenn diese drei eine *zuständliche* Realität geworden sind, dann ist der Zweck inwendig in der Ursache und durch die Ursache in der Wirkung enthalten, so dass diese drei in der Wirkung oder, wie man auch sagen kann, in der *bewirkten* Realität koexistieren, das heißt zusammen existieren. Deswegen heißt es im Worte der Heiligen Schrift, dass jeder nach seinen Werken gerichtet wird. Denn der Zweck bzw. die Liebe seines Willens und die Ursache bzw. die Rationalität seines Verstandes sind gemeinsam in den Wirkungen vorhanden, das heißt in den Werken seines sterblichen Leibes. In ihnen ist somit die Wesensart des gesamten Menschen anwesend.

Die Denker, die das alles nicht wissen und die Gegenstände der Vernunft nicht auf diese Weise unterscheiden, die können gar nicht anders als die Vorstellungen ihres Denkens in solche Begriffe einzufassen, wie es die Atome Epikurs, die Monaden von Leibniz oder die einfachen Substanzen von Wolff sind.[46] Dadurch verrammeln sie aber ihren Verstand zwangsläufig wie mit einem dicken Querbalken, so dass sie nicht einmal mehr mit ihrer Vernunft über einen geistigen Einfluss nachdenken können, weil ihnen die Idee des stufenweisen Fortschreitens abhanden gekommen ist. Denn der Autor der einfachen Substanz sagt ja von

---

[46] Epikur erneuerte den Atomismus Demokrits. Die Grundannahme sind Atome, das heißt unteilbare Urbestandteile der Stoffe. Unter Monaden verstand Gottfried Wilhelm Leibniz die letzten Einheiten, aus denen sich die Weltsubstanz zusammensetzt. Paragraph 1 seiner *Monadologie* lautet: »Die Monaden / wovon wir allhier reden werden / sind nichts anders als einfache Substanzen / woraus die zusammen gesetzten Dinge oder composita bestehen. Unter dem Wort / einfach / verstehet man dasjenige / welches keine Teile hat.« Zur Substantia simplex (einfache Substanz) siehe Christian Wolff, *Philosophia prima, sive Ontologia, Methodo scientifica pertractata, qua omnis Cognitionis humanae Principia continentur*, Frankfurt und Leipzig 1736. Von der Substantia simplex – der nicht aus Teilen zusammengesetzten und in diesem Sinne einfachen Substanz – unterscheidet Wolff die Substantia composita (die zusammengesetzte Substanz) (§ 794). Die drei Begriffe – Atom, Monade und einfache Substanz – sind also untereinander sehr verwandt.

ihr, dass sie, wollte man sie teilen[47], vollkommen zunichte würde. So bleibt natürlich der Verstand im ersten Licht, das er von den körperlichen Sinnen bezieht, stehen und bewegt sich keinen Schritt darüber hinaus. Daher meint man, das Geistige sei ein subtiles Natürliches, das Vernünftige sei den Tieren genauso eigen wie den Menschen, und die Seele sei ein Windhauch wie der, den man beim Sterben aus der Brust aushaucht. Ganz abgesehen von vielen weiteren Meinungen, die nicht dem Licht, sondern der Finsternis angehören.

Da alles in der geistigen und in der natürlichen Welt diesen Graden gemäß voranschreitet, wie oben gesagt wurde, ist klar, dass wahre Einsicht darin besteht, sie zu erkennen, zu unterscheiden und in der Ordnung ihrer Aufeinanderfolge zu betrachten. Durch diese Grade erschließt sich einem auch die Beschaffenheit eines jeden Menschen, sobald man seine Liebe kennt. Denn der beabsichtigte Zweck des Willens, die geistigen Ursachen des Verstandes und die Wirkungen, die durch den Körper hervorgebracht werden, sie alle folgen aus der Liebe wie aus dem Samen der Baum und aus dem Baum die Frucht.

Es gibt drei Arten von Liebe, die Liebe zum Himmel, die Liebe zur Welt und die Liebe zum Ich. Die Liebe zum Himmel ist geistig, spirituell, die Liebe zur Welt ist materiell und die Liebe zum Ich ist körperlich. Wenn die Liebe geistig ist, dann sind auch alle Formen, die aus ihr hervorgehen, geistig, denn die Formen sind immer genauso beschaffen wie das Wesen, aus dem sie geformt sind.[48] Und wenn die prinzipielle Liebe, das heißt die, die das

---

47 Die einfache Substanz kann man per definitionem nicht teilen. Christian Wolff schreibt: »Da man ein zusammengesetztes Ding nennet, was Theile hat; so nennet man hingegen ein einfaches Ding, das keine Theile hat.« (*Vernünfftige Gedancken von Gott, der Welt und der Seele des Menschen, Auch allen Dingen überhaupt*, Den Liebhabern der Wahrheit mitgetheilet von Christian Wolffen, Franckfurt und Leipzig 1738, § 75).

48 Der Grundtext lautet: »dum amor est spiritualis, trahunt omnia quae ex illo sequntur, sicut formae a sua essentia, quod sint spiritualia«. Ich bin bei meiner Übersetzung davon ausgegangen, dass formae (Formen) an omnia (alle

Lebensprinzip eines Menschen ist, der Welt oder dem zeitlichen Vermögen zugewandt ist und somit materiell ist, dann ist auch all das, was aus ihr wie das aus einem Prinzip Abgeleitete folgt, materiell. Und wenn die prinzipielle Liebe die zum Ich oder die, alle anderen überragen zu wollen, ist, wenn sie somit körperlich ist, dann ist auch all das, was aus ihr folgt, körperlich. Denn ein Mensch dieser Liebe schaut nur auf sich selbst und taucht gedanklich und mental ganz in sein körperliches Wesen ein. Deswegen erkennt derjenige einen Menschen ganz, der dessen herrschende Liebe erkennt und den Gang der Zwecke zu den Ursachen und der Ursachen zu den Wirkungen, welche drei Schritte den Höhengraden gemäß in der Ordnung aufeinander folgen. So erkennen die Engel des Himmels jeden, mit dem sie reden. Seine Liebe erspüren sie aus dem Ton seiner Rede, aus dem Gesicht ersehen sie sein Bild und aus der Gestik des Körpers seine Gestalt.

Satz 16

Aus dem Gesagten geht hervor, wie der geistige Einfluss von seinem Ursprung bis zu den Wirkungen beschaffen ist.

18. Bisher hat man den geistigen Einfluss nur von der Seele in den Körper gehen lassen, nicht jedoch schon von Gott in die Seele und so in den Körper. Diese Meinung bildete sich, weil bisher niemand etwas von einer geistigen Welt und einer Sonne dort, aus der alles Geistige wie aus seiner Quelle hervorsprudelt, gewusst hatte, und somit auch nichts vom Einfluss des Geistigen ins Natürliche.

Nun aber, da es mir gegeben worden ist, zugleich in der geistigen und in der natürlichen Welt zu sein und somit beide Welten und beide Sonnen zu sehen, verpflichtet mich mein Gewissen, das allgemein bekannt zu machen. Denn welchen Nutzen hat es, etwas zu wissen? Doch nur den, dass das, was der eine weiß,

---

Dinge) anknüft und dass forma und essentia hier wie Form und Materie im aristoteleischen Sinne zu verstehen sind.

auch der andere wissen soll. Was ist Wissen ohne diesen Wunsch anderes als Reichtum, den jemand sammelt und in Schränken aufbewahrt, von Zeit zu Zeit betrachtet und zählt, ohne die leiseste Absicht zu verspüren, damit nutzbringend in Erscheinung zu treten. Geistiger Geiz ist nichts anderes.

Eine umfassende Kenntnis der Natur und Beschaffenheit des geistigen Einflusses kann jedoch nur der erlangen, der weiß, was das Wesen des Geistigen, des Natürlichen und der menschlichen Seele ist. Damit diese kleine Schrift wegen der Unkenntnis über diese Punkte dennoch nicht für unvollständig gehalten wird, ist es von Wichtigkeit, dass ein paar Denkwürdigkeiten konsultiert werden, die in das Werk über die eheliche Liebe eingefügt worden sind, und zwar über das Geistige *Eheliche Liebe* 326–329, über die menschliche Seele *Eheliche Liebe* 315 und über den Einfluss des Geistigen in das Natürliche *Eheliche Liebe* 380, außerdem *Eheliche Liebe* 415–422.

Denkwürdigkeit

19. Diesem möchte ich die folgende Denkwürdigkeit beifügen.[49] Nach der Niederschrift dieser Gedanken betete ich zum Herrn, er

---

[49] In dieser Denkwürdigkeit – sie ist noch einmal in *Wahre Christliche Religion* 696 zu finden – werden die eingangs genannten Hypothesen drei berühmten Philosophen zugeordnet, der physische Einfluss Aristoteles, der geistige Einfluss Descartes und die prästabilierte Harmonie Leibniz. Friedemann Stengel macht jedoch darauf aufmerksam, dass bei den von Swedenborg genannten Modellen »bereits Interpretationen und Modifikationen vorliegen. So ist der aristotelische *influxus physicus* zeitgenössisch nicht nur in einer Richtung verstanden worden, sondern als ein wechselseitiger Einfluss ... Ebenso wenig kann im cartesianischen Okkasionalismus ohne weiteres von einem *influxus spiritualis* in der von Swedenborg dargestellten Weise die Rede sein. Die beiden Substanzen Körper und Geist liegen vielmehr so weit auseinander, dass nur der Eingriff Gottes für ihr Zusammenwirken sorgen kann ... Aber auch Leibniz' prästabilierte Harmonie wird von Swedenborg nur verkürzt wiedergegeben, wenn unerwähnt bleibt, dass die Einheit von Körper und Geist nach Leibniz von Beginn der Schöpfung an besteht, das immer wieder geschehene Wunder bei Descartes also auf den Zeitpunkt der Schöpfung zurückverlegt worden ist.« (*Swedenborg als Rationalist*, in: Aufklärung und Esoterik: Rezep-

möge es mir gestatten, mit Schülern von Aristoteles, Descartes und Leibniz zu sprechen, um die Ansichten ihres Geistes (mentis) über die Wechselwirkung zwischen Seele und Körper in Erfahrung zu bringen. Nach dem Gebet waren neun Männer anwesend, je drei Aristoteliker, Cartesianer und Leibnizianer. Sie standen um mich herum, links die Verehrer von Aristoteles, rechts die Anhänger von Descartes und hinter mir die Bewunderer des Leibniz. Von weitem sah ich abseits von den Schülern und durch Zwischenräume auch untereinander getrennt drei Personen, die – so schien es – mit Lorbeerkränzen geschmückt waren. Aus einer einfließenden Innewerdung erkannte ich, dass es die Schulgründer oder Lehrhäupter waren. Hinter Leibniz stand noch einer, der mit seiner Hand einen Zipfel von dessen Gewand hielt; man sagte, es sei Wolff. Als sich die neun Männer gegenseitig erblickten, begrüßten sie sich zuerst und sprachen sich an, alles in einem höflichen Umgangston.

Dann aber stieg aus der Unterwelt ein Geist herauf, der eine Fackel in seiner rechten Hand hielt und diese vor ihren Gesichtern hin und her schwang. Daraufhin wurden sie Feinde, jeweils drei gegen drei, und blickten sich mit grimmiger Miene an, denn es überkam sie die Lust zu zanken und zu streiten. Und sogleich zettelten die Aristoteliker, die auch Scholastiker waren, ein Wortgefecht an: »Wer sieht nicht, dass die Objekte durch die Sinne in die Seele einfließen, so wie ein Gast durch die Tür in das Zimmer eintritt, und dass die Seele diesem Einfluss entsprechend denkt? Ist es nicht so, dass immer dann, wenn ein Liebender ein schönes Mädchen oder seine Braut sieht, seine Augen funkeln und diese Liebe der Seele einflößen? Und entbrennt nicht der Geizhals, wenn er Geldbeutel voller Münzen sieht, mit allen Sinnen für sie, durch welche das Objekt der Begierde in die Seele dringt und dort die Besitzgier anstachelt? Oder nehmen wir einen Stolzen, spitzt er nicht seine Ohren, sobald er die Lobes-

---

tion – Integration – Konfrontation, Herausgegeben von Monika Neugebauer-Wölk, 2008, Seite 150f.).

hymnen anderer über sich hört, und gelangen sie nicht durch das Gehör in die Seele? Sind nicht die Sinne des Körpers wie die Vorhöfe, durch die allein der Zugang zur Seele erfolgt? Wer könnte aus diesen und unzähligen ähnlichen Beobachtungen einen anderen Schluss ziehen als den, dass der Einfluss von der Natur ausgeht oder ein physischer ist?«

Auf diese Rede gaben die Anhänger des Descartes, wobei sie ihre Finger, die sie unten an die Stirn gelegt hatten, nun zurückzogen, dies als Antwort: »Gemach, ihr redet nach dem Schein! Wisst ihr denn nicht, dass das Auge das Mädchen oder die Braut nicht von sich aus, sondern aus der Seele liebt? Und dass die Sinne des Körpers ebenfalls nicht von sich aus die Münzen im Geldbeutel haben wollen, sondern aus der Seele heraus? Und dass auch die Ohren die Lobeshymnen der Schmeichler nicht anders aufsaugen? Ist es nicht die innere Wahrnehmung (perceptio), welche die Sinneswahrnehmung (sentire) bewirkt?[50] Die innere Wahrnehmung aber ist eine Sache der Seele, nicht der Sinnesorgane. Sagt doch, wenn ihr könnt, ob etwas anderes die Zunge und die Lippen sprechen lässt als das Denken, und ob etwas anderes die Hände tätig sein lässt als das Wollen? Denken und Wollen aber gehören der Seele an, nicht dem Körper. Was also lässt die Augen sehen, die Ohren hören und die übrigen Organe wahrnehmen, wenn nicht die Seele? Aus diesen und zahllosen weiteren Gründen ähnlicher Art zieht jeder, der über das Sinnliche des Körpers hinaus weise denkt, den Schluss, dass es keinen Einfluss des Körpers in die Seele, wohl aber der

---

[50] Swedenborg unterscheidet zwischen perceptio (innere oder geistige Wahrnehmung) und sensatio (Sinneswahrnehmung). In *Himmlische Geheimnisse* 104 bezeichnet er die »perceptio« als eine »sensatio interna (innere Wahrnehmung)« und in *Geistiges Tagebuch* 1884 bezeichnet er umgekehrt die »sensatio« als eine »perceptio sensitiva (sensorische Wahrnehmung)«. Im heutigen Sprachgebrauch versteht man unter Wahrnehmung nur noch die Sinneswahrnehmung, das heißt den Prozess der Aufnahme und Verarbeitung sensorischer Informationen.

Seele in den Körper gibt. Diesen nennen wir den okkasionalen oder auch geistigen Einfluss.«

Kaum hatten sie das gehört, da erhoben auch schon die drei, die hinter den anderen beiden Dreiergruppen standen und Bewunderer von Leibniz waren, ihre Stimme und sagten: »Wir haben die Argumente beider Parteien vernommen und verglichen und dabei erkannt, dass in vieler Hinsicht die soeben gehörten stärker sind als die vorhin gehörten, in vieler Hinsicht ist das aber auch genau umgekehrt. Deshalb wollen wir – wenn es erlaubt ist – den Streit schlichten.« Auf die Frage nach dem Wie antworteten sie: »Es gibt weder einen Einfluss der Seele in den Körper, noch des Körpers in die Seele, sondern nur die einmütige und augenblickliche Tätigkeit beider zugleich, der unser berühmter Autor einen schönen Namen gegeben hat, nämlich prästabilierte Harmonie.«

Nach diesem Gedankenaustausch erschien wiederum ein Geist mit einer Fackel in der Hand, diesmal aber in seiner linken, und schwang sie hinter ihren Köpfen hin und her. Dadurch gerieten die Vorstellungen aller derart durcheinander, dass sie gemeinsam ausriefen: »Weder unsere Seele noch unser Körper weiß, zu welcher Partei wir nun übertreten sollen. Daher lasst uns dieses Streitgespräch durch das Los entscheiden und demjenigen zustimmen, das als erstes gezogen wird.« Dann nahmen sie drei Zettel und schrieben auf den ersten »physischer Einfluss«, auf den zweiten »geistiger Einfluss« und auf den dritten »prästabilierte Harmonie«. Diese legten sie in einen Hut und bestimmten einen, der die Ziehung vornehmen sollte. Als der hineinlangte, ergriff er den Zettel, auf dem »geistiger Einfluss« stand. Nach der Kenntnisnahme und Verlesung des Losentscheids sagten alle – einige mit klarer und schwungvoller Stimme, andere mit leiser und verhaltener Stimme: »Wir wollen dem zustimmen, weil es als erstes gezogen worden ist.«

Plötzlich stand jedoch ein Engel da und sagte: »Glaubet ja nicht, dass das Blättchen zugunsten des geistigen Einflusses nur so aus Zufall zum Vorschein kam, vielmehr waltete darin die Vorsehung. Denn ihr, die ihr in euren verworrenen Ansichten verstrickt seid, ihr seht seine Wahrheit nicht. Doch die Wahrheit gab sich durch jenes Blättchen selbst in eure Hand, damit ihr derselben zustimmt.«

Anekdote

20. Einst fragte mich jemand, wie ich von einem Philosophen zu einem Theologen geworden sei? Da antwortete ich: »Ebenso, wie Fischer durch den Herrn Jünger und Apostel geworden sind. Auch ich bin nämlich seit meiner frühesten Jugend ein Fischer gewesen, allerdings ein geistiger.« Daraufhin fragte er, was ein geistiger Fischer sei? Ich erwiderte: »Ein Fischer im geistigen Sinne des Wortes Gottes bezeichnet einen Menschen, der natürliche Wahrheiten erforscht und lehrt, und später geistige vernunftgemäß.« Auf die Frage, wie sich das beweisen lasse, wies ich auf die folgenden Stellen hin: »Dann wird das Wasser aus dem Meer verschwinden, und der Fluss wird versiegen und austrocknen ... Deswegen werden die *Fischer* trauern und alle traurig sein, die die Angel ins Meer[51] auswerfen ...« (*Jesaja* 19,5.8). »An dem Fluss, dessen Wasser geheilt wurden, standen *Fischer* von Engedi ..., sie waren da zur Ausbreitung ihrer Netze. Nach seiner Art war der *Fisch* in ihm (= im Gewässer), wie der *Fisch* des großen Meeres, sehr zahlreich«[52] (*Ezechiel* 47,9.10). »Siehe, ich

---

[51] Nach dem hebräischen Grundtext muss man »in den Strom«, das heißt »in den Nil«, übersetzen. Swedenborg hat hier aber »in mare«. Die Verse sind dem Ausspruch über Ägypten entnommen. »Ägypten ist das Wissenschaftliche, das heißt das natürliche Wahre.« (*Erklärte Offenbarung* 601).

[52] Der lateinische Text Swedenborgs folgt weitgehend der Biblia Sacra des Straßburger Theologen Sebastian Schmid (1616–1696). Bei Schmid stand: »... stant super illo piscatores ab En-gedi, usque ad En-Eglajim, (*cumque*) expansione sagenarum adsunt: juxta (*autem*) speciem erit piscis eorum, sicut piscis maris magni, multus valde.« (*Ezechiel* 47,10). Bei Swedenborg steht: »Super fluvio, cujus aquae sanabantur, stabant Piscatores ab Engedi, expansione sagenatum aderant, juxta speciem erat Piscis eorum, sicut Piscis maris magni, multus valde« (*Ezechiel* 47,9.10). Swedenborg baut also am Anfang den Bezug zu Vers 9 ein (»fluvius« und »cujus aquae sanabantur«), setzt alles in die Vergangenheit und lässt »usque ad En-Eglajim« aus. Der Vergleich

will nach vielen *Fischern* senden, Spruch JHWHs, die sollen *die Söhne Israels fischen*[53] ...« (*Jeremia* 16,16). Aus diesen Stellen ist ersichtlich, warum der Herr Fischer zu Jüngern wählte und sagte: »Kommt, mir nach! Und ich werde euch zu *Menschenfischern* machen« (*Matthäus* 4,18.19; *Markus* 1,16.17)[54]. Und zu Petrus sagte er, nachdem er eine große Menge Fische gefangen hatte: »*Von jetzt an wirst du Menschen fangen*« (*Lukas* 5,9.10)[55]. Danach wies ich den Ursprung dieser Bedeutung von Fischer anhand der *Enthüllten Offenbarung* nach. Denn Wasser bezeichnet das natürlich Wahre (*Enthüllte Offenbarung* 50, 932), ebenso Fluss (*Enthüllte Offenbarung* 409, 932); Fische diejenigen, die im natürlich Wahren herumschwimmen (*Enthüllte Offenbarung* 405); und Fischer daher diejenigen, die Wahrheiten erforschen (aus dem Meer des potentiellen Wissens gleichsam herausfischen) und lehren. Nach diesen Ausführungen ergriff wieder der Fragesteller das Wort und sagte: »Jetzt kann ich verstehen, warum der Herr einst Fischer berief und erwählte, seine Jünger bzw. Schüler zu sein. Daher wundere ich mich nun nicht mehr, dass er auch dich berufen und erwählt hat, denn du bist ja – wie du sagst – seit deiner frühesten Jugend ein Fischer im geistigen Sinne gewesen, das heißt ein Erforscher natürlicher Wahrheiten. Dass du jetzt ein Erforscher geistiger Wahrheiten bist, ist nur folgerichtig, denn diese bauen ja auf jenen als ihrem Fundament auf.« Diesen Worten fügte er, da er ein Mann der Vernunft war, noch die folgenden hinzu: »Der Herr allein weiß, wer geeignet ist, zu erkennen und zu lehren, was Gegenstand seiner neuen

---

mit dem hebräischen Grundtext fördert zu Tage, dass die Ausbreitung der Netze zum Trocknen (nicht zum Fangen) gemeint ist.

53 Swedenborg ersetzt das Personalpronomen des hebräischen Grundtextes durch »die Söhne Israels«.

54 Das Zitat steht genau genommen in *Matthäus* 4,19 und *Markus* 1,17. Den vorangehenden Vers hat Swedenborg einbezogen, weil dort gesagt wird, dass es sich um Fischer handelt.

55 Das Zitat steht genau genommen in *Lukas* 5,10. Den vorangehenden Vers hat Swedenborg einbezogen, weil dort noch einmal der große Fang erwähnt wird.

Kirche ist, ob es einer der Würdenträger oder einer ihrer Diener ist. Außerdem, welcher christliche Theologe hat an den Hochschulen nicht erst Philosophie studiert, ehe er zum Theologen geweiht wurde? Woher hätte er sonst sein Verständnis?« Schließlich sagte er: »Da du also ein Theologe geworden bist, so eröffne mir, was deine Theologie ist.« Ich antwortete: »Das sind ihre zwei Prinzipien: Gott ist Einer, und es gibt eine Verbindung der Liebe (charitas) und des Glaubens«, woraufhin er sagte: »Wer leugnet das?«, und ich antwortete: »Die heutige Theologie, inwendig betrachtet.«

DENKWÜRDIGKEITEN

Eheliche Liebe 132–136

132. Ich sprach einst mit zwei Engeln, von denen der eine aus dem östlichen, der andere aus dem südlichen Himmel stammte. Als sie wahrnahmen, dass ich über die mit der ehelichen Liebe zusammenhängenden Geheimnisse der Weisheit nachdachte, fragten sie: »Ist dir etwas über die Schulen der Weisheit in unserer Welt bekannt?« Als ich verneinte, sagten sie: »Es gibt deren viele, und alle, die aus einer geistigen Neigung heraus die Wahrheiten lieben – das heißt weil sie wahr sind und man durch sie zur Weisheit gelangt – kommen auf ein gegebenes Zeichen hin zusammen, um tiefgründige Dinge zu erforschen, zu untersuchen und entsprechende Beschlüsse zu fassen.« Hierauf nahmen sie mich bei der Hand: »Komm mit uns, und du wirst selbst sehen und hören. Gerade heute ist das Zeichen zu einer solchen Versammlung gegeben worden.« Nun wurde ich über eine Ebene zu einem Hügel geführt – und siehe, am Fuß des Hügels zeigte sich ein von Palmen überdachter Gang, der zur Spitze hinaufführte. Wir betraten ihn und stiegen aufwärts. Oben angelangt, zeigte sich ein Hain, dessen Bäume auf einer Bodenerhebung etwas wie ein Amphitheater bildeten, das eine mit vielfarbigen Steinplättchen bedeckte Fläche umgab. Darauf waren im Quadrat Stühle gestellt, auf denen die Liebhaber der Weisheit saßen. Im Zentrum des Ganzen stand ein Tisch. Darauf lag ein versiegeltes Papier. Die dort Sitzenden luden uns ein, auf den noch leeren Stühlen Platz zu nehmen. Da sagte ich: »Ich bin von diesen beiden Engeln hierher geführt worden, um zu sehen und zu hören, nicht um zu sitzen.« Nun gingen die beiden Engel zum Tisch in der Mitte, erbrachen das Siegel des Papiers und verlasen Geheimnisse der Weisheit, die darauf geschrieben und die von den auf den Stühlen Sitzenden besprochen und entwickelt werden sollten. Sie waren von Engeln des dritten Himmels geschrieben und auf den Tisch herabgelassen worden. Es handelte sich um drei Geheimnisse. Das erste lautete: »Was ist das Bild und was die Ähnlichkeit Gottes, in die der Mensch erschaffen wurde?« Das zweite Geheimns: »Warum wird der Mensch in keinerlei Kenntnis der Liebe hineingeboren, während doch die Tiere und Vögel, edle wie unedle, in die Kenntnis all ihrer Triebe hineingeboren werden?« Das dritte Geheimnis: »Was bedeutet der Baum des Lebens, was der Baum der Erkenntnis des Guten und Bösen, und was das Essen von beiden?« Darunter stand: »Verbindet diese drei zu einem Spruch, schreibt ihn auf ein neues Blatt und legt es auf diesen Tisch. Wir werden dann sehen. Erscheint dieser Spruch auf unserer Waagschale als

ausgewogen und richtig, wird jedem von euch eine Weisheitsprämie verliehen werden.« Nachdem die beiden Engel dies gelesen hatten, traten sie ab und wurden wieder in den Himmel erhoben.

Die Versammelten begannen nun mit der Untersuchung und Entwicklung der vorgelegten Geheimnisse. Sie sprachen der Reihe nach; die nach Norden Sitzenden zuerst, ihnen folgten die nach Westen, dann die nach Süden, und schließlich die nach Osten Sitzenden.

Der erste Gegenstand, den sie sich vornahmen, lautete: »Was ist das Bild und was die Ähnlichkeit Gottes, in die der Mensch erschaffen wurde?« Nun wurden zuerst die entsprechenden Worte aus der Schöpfungsgeschichte verlesen:

»Gott sprach: Lasset uns den Menschen machen in unser Bild, nach unserer Ähnlichkeit; und Gott schuf den Menschen in sein Bild, in das Bild Gottes schuf er ihn« (*Genesis* 1,26f.). »An dem Tage, da Gott den Menschen schuf, machte er ihn in die Ähnlichkeit Gottes« (*Genesis* 5,1).

Die nach Norden Sitzenden sprachen zuerst: »Das Bild und die Ähnlichkeit Gottes sind die beiden Leben, die dem Menschen von Gott eingehaucht wurden, nämlich das Leben des Willens und das Leben des Verstandes, liest man doch: ›JHWH Gott hauchte in die Nase Adams die Seele der Leben, und der Mensch ward zur lebendigen Seele‹ (*Genesis* 2,7). ›In die Nase‹ bedeutet, in die innere Wahrnehmung, dass der Wille des Guten und der Verstand des Wahren und damit ›die Seele der Leben‹ in ihm sein sollte. Und weil ihm das Leben von Gott eingehaucht worden ist, so bedeutet ›Bild und Ähnlichkeit Gottes‹ die Unversehrtheit aus der Weisheit und Liebe, sowie aus der Gerechtigkeit und Urteilskraft in ihm.«

Dem stimmten die nach Westen Sitzenden bei, fügten jedoch noch hinzu, dass der erwähnte, von Gott eingehauchte Zustand der Unversehrtheit jedem Menschen auch nach der Schöpfung noch beständig eingehaucht werde. Er sei aber im Menschen wie in einem Aufnahmegefäß, und der Mensch sei Bild und Ähnlichkeit Gottes in dem Maße, wie er tatsächlich ein Aufnahmegefäß sei.

Nun meldeten sich die nach Süden zu Sitzenden, welche die dritte Reihe bildeten: »Bild und Ähnlichkeit Gottes sind zwei verschiedene Dinge, die jedoch von der Schöpfung an im Menschen vereint sind. Wir sehen wie aus einem inneren Licht, dass der Mensch das Bild Gottes verlieren kann, nicht aber die Ähnlichkeit Gottes. Wie durch ein Gitterfenster hindurch ist erkennbar, dass Adam die Ähnlichkeit Gottes beibehielt, nachdem er aufgehört hatte, Bild Gottes zu sein, heißt es doch noch nach seiner Verfluchung: ›Siehe, der Mensch ist geworden wie unsereins, wissend Gutes und Böses‹ (*Genesis* 3,22). Und etwas später wird er als Ähnlichkeit Gottes, nicht aber mehr als Bild Gottes bezeichnet (*Genesis* 5,1). Doch wollen wir es unseren Freunden, die gegen Osten hin sitzen, also in höherem Licht stehen, überlassen, uns zu sagen, was mit dem Bilde und der Ähnlichkeit Gottes eigentlich gemeint ist.«

Nun wurde es ganz still; die Angesprochenen erhoben sich von ihren Sitzen, blickten zum Herrn auf, setzten sich dann wieder und sprachen: »Das Bild Gottes ist das Aufnahmegefäß Gottes, und weil Gott die Liebe und Weisheit selbst ist, bildet es das Aufnahmegefäß von Gottes Liebe und Weisheit im Menschen. Die Ähnlichkeit Gottes aber bedeutet die vollkommene Ähnlichkeit und den vollkommenen Anschein, als seien Liebe und Weisheit im Menschen selbst und daher ganz und gar sein eigen. Denn der Mensch empfindet nur, dass er selbst liebt und weise ist; anders ausgedrückt, dass er von sich aus das Gute wolle und das Wahre verstehe. Dabei stammt doch gar nichts von ihm selbst, sondern alles von Gott. Gott allein liebt und ist weise aus sich selbst, weil er die Liebe und Weisheit selbst ist. Diese Ähnlichkeit und der Anschein, Liebe und Weisheit oder Gutes und Wahres seien des Menschen Eigenes, macht den Menschen zum Menschen und verbindet ihn mit Gott, und daher kann er in Ewigkeit leben. Der Mensch ist also dadurch Mensch, dass er ganz wie aus sich das Gute zu wollen und das Wahre zu wissen vermag, dabei aber doch wissen und glauben kann, dass es von Gott kommt. Denn wenn er das weiß und glaubt, legt Gott sein Bild in ihm an. Würde der Mensch glauben, dass es von ihm selbst und nicht von Gott stammt, so wäre es anders.«

Nachdem sie das gesagt hatten, überkam sie aus Liebe zur Wahrheit ein Eifer, der sie dem bisher Gesagten noch folgendes hinzufügen ließ: »Wie könnte der Mensch etwas von der Liebe und Weisheit aufnehmen, es im Gedächtnis behalten und wieder äußern, wenn er nicht das Gefühl hätte, es sei sein eigen? Wie könnte Liebe und Weisheit den Menschen mit Gott verbinden, wenn ihm nicht etwas gegeben wäre, was ihn seinerseits dazu befähigte? Denn ohne Gegenseitigkeit ist eine Verbindung unmöglich; auf seiten des Menschen besteht sie darin, dass er Gott und was Gottes ist, liebt, dass er weise ist wie aus sich und dabei doch glaubt, dass es von Gott stammt. Ferner: wie könnte der Mensch in Ewigkeit leben ohne Verbindung mit dem ewigen Gott? Wie sonst könnte der Mensch Mensch sein ohne diese Ähnlichkeit Gottes in ihm?«

Als sie das hörten, stimmten alle zu und fassten folgenden Beschluss: »Der Mensch ist ein Aufnahmegefäß Gottes, und dies ist das Bild Gottes in ihm. Und weil Gott die Liebe und Weisheit selbst ist, so ist der Mensch deren Aufnahmegefäß. In dem Maße, wie das Aufnahmegefäß auch tatsächlich aufnimmt, wird es zum Bilde Gottes. Der Mensch aber ist dadurch Gottes Ähnlichkeit, dass er das von Gott Kommende in sich wie sein Eigenes fühlt. Ebenso ist er aus jener Ähnlichkeit heraus Bild Gottes, soweit er anerkennt, dass Liebe und Weisheit bzw. Gutes und Wahres in ihm nicht sein Eigentum sind, sondern allein Gottes.«

133. Anschließend wandte man sich dem anderen Thema zu: »Warum weiß der Mensch im Unterschied zu den Landtieren und Vögeln, die in die Kenntnis aller ihrer Triebe hineingeboren werden, nicht einmal um einen einzigen Trieb von Geburt an?« Zunächst wurde die Richtigkeit dieses Satzes durch allerlei Fakten bestätigt, z.B. dass dem Menschen nicht einmal das Wissen um die eheliche Liebe angeboren werde. Auf Befragen der Forscher erfuhr man, dass ein Neugeborenes aus Instinkt nicht einmal die Mutterbrust finde, sondern von seiner Mutter oder Hebamme angelegt werden müsse und auch nur darum zu saugen wisse, weil es das im Mutterleib beständig übe. Es kann auch nicht sogleich gehen, den Ton zu einer menschlichen Stimme artikulieren oder wenigstens, wie die Tiere, seinen triebhaften Empfindungen durch verschiedene Laute Ausdruck geben. Auch kenne es nicht, wie die Tiere, die ihm zuträgliche Nahrung, sondern stopfe alles Erreichbare, es sei rein oder unrein, in den Mund. Die Forscher erklärten weiter, der Mensch könne ohne Belehrung nicht einmal das Geschlecht unterscheiden, geschweige denn wissen, wie das andere Geschlecht zu lieben ist. Junge Männer und Frauen, durch die Erziehung doch in vielerlei Kenntnisse eingeführt, wüssten ohne Belehrung seitens Erfahrener nicht einmal etwas davon. Mit einem Wort: Der Mensch wird körperlich geboren wie ein Wurm und bleibt rein körperlich, wenn er nicht von anderen Menschen Wissen aufnimmt und lernt, zu verstehen und weise zu werden.

Anschließend bewiesen sie, dass edle wie unedle Tiere – Landtiere, Vögel, Reptilien, Fische, Insekten usw. – von Geburt an alle ihre Instinkte kennen, beispielsweise alles, was ihnen zur Ernährung, Wohnung, Geschlechtsliebe und Fortpflanzung sowie zur Aufzucht ihrer Jungen dient. Sie bewiesen dies durch alle möglichen erstaunlichen Dinge, die sie sich ins Gedächtnis zurückriefen aus allem, was sie in der natürlichen Welt – so nannten sie unsere Welt, in der auch sie früher gelebt hatten und in der es nicht nur Repräsentationen von Tieren, sondern wirkliche Tiere gibt – gesehen, gehört und gelesen hatten.

Als auf diese Weise die Richtigkeit des Satzes bestätigt war, suchte man die Endzwecke und Ursachen aufzufinden und zu erforschen, um so womöglich das Geheimnis zu enthüllen. Alle erklärten, aufgrund der göttlichen Vorsehung wären dies die unerlässlichen Voraussetzungen dafür, dass der Mensch Mensch und das Tier Tier sei. Ja, die Unvollkommenheit des Menschen bei der Geburt werde zu seiner Vollkommenheit, die Vollkommenheit der Geburt des Tieres aber zu seiner Unvollkommenheit.

134. Die nach Norden zu Sitzenden legten nun wieder als Erste ihre Ansichten dar: »Der Mensch«, so sagten sie, »werde ohne Kenntnisse geboren, damit er alle Kenntnisse in sich aufnehmen könne. Würde er nämlich mit Kenntnissen geboren, so könnte er außer den angeborenen keine weiteren aufnehmen und sich aneignen. Sie beleuchteten das durch folgenden Vergleich: Der neugeborene Mensch ist wie ein Erdreich, das zwar keinen Samen birgt, wohl aber alle Arten von Samen aufnehmen, keimen und fruchtbar machen kann; das Tier hingegen wie ein schon mit Gräsern und Kräutern bepflanzter Boden, der keine andere Samen mehr aufnehmen kann, weil diese die vorhandenen ersticken müssten. So wächst der Mensch während einer ganzen Anzahl von Jahren heran, um gleichsam alle Arten von Saaten, Blumen und Bäumen hervorzubringen. Demgegenüber entwickelt sich das Tier in wenigen Jahren, in denen nur die ihm angeborenen Kenntnisse weiter ausgebildet werden.«

Nach ihnen meldeten sich die gen Westen Sitzenden. Sie erklärten, der Mensch werde nicht, wie das Tier, mit Wissen geboren, sondern mit der Fähigkeit und Neigung zu wissen beziehungsweise zu lieben, doch nicht allein um zu wissen, sondern auch zu verstehen und weise zu werden, sowie – als vollkommenste Neigung –, nicht nur zu lieben, was ihn und die Welt, sondern auch was Gott und den Himmel betrifft. Folglich werde der Mensch von den Eltern als ein Organ geboren, das zunächst nur mit seinen äußeren und noch mit keinen inneren Sinnen lebt, um erst nach und nach zum Menschen zu werden, zuerst zu einem natürlichen, dann zu einem vernünftigen und endlich zu einem geistigen. Das würde nicht geschehen, wenn er, wie die Tiere, mit Kenntnissen und Instinkten geboren würde; denn im Unterschied zu den angeborenen Fähigkeiten und Triebe setzt angeborenes Wissen der genannten Entwicklung Grenzen. Darum kann der Mensch in Wissenschaft, Einsicht und Weisheit bis in Ewigkeit vervollkommnet werden.

Nun kam die Reihe an die südlichen Teilnehmer, ihre Ansicht zu äußern. Sie sagten, der Mensch könne Wissen unmöglich aus sich selbst, sondern nur aus anderen schöpfen, weil ihm keinerlei Kenntnis angeboren sei. Und weil er aus sich selbst kein Wissen haben kann, so auch keine Liebe; denn wo kein Wissen ist, da ist auch keine Liebe. Wissen und Liebe sind unlöslich verbunden, ebenso unzertrennlich wie Wille und Verstand, Neigung und Gedanke oder Wesen und Form. Nimmt daher der Mensch Wissen von anderen auf, so gesellt sich dazu auch die (entsprechende) Liebe als Gefährtin: Diese ist, allgemein gesprochen, die Liebe zu wissen, zu verstehen und weise zu sein. Sie findet sich bei keinem Tier, sondern nur beim Menschen und fließt von Gott her ein. Wir stimmen mit unseren Gefährten aus dem Westen darin überein, dass der Mensch ohne jede Liebe, also auch ohne jegliches Wissen geboren wird, sondern allein mit der Neigung zu lieben und daher mit der Fähigkeit, von anderen, d.h. durch andere Menschen, Kenntnisse in sich aufzunehmen. Durch andere sagen wir, weil auch diese anderen aus sich selbst kein Wissen haben, sondern allein von Gott. Wir stimmen unseren nördlichen Freunden auch darin zu, dass der neugeborene Mensch einem Erdreich gleicht, das keinerlei Samen enthält, dem aber alle Arten von Samen, edle wie unedle, eingesät werden können. Dem möchten wir noch hinzufügen, dass die Tiere mit natürlichen Trieben geboren werden und folglich auch mit den entsprechenden Kenntnissen. Doch sie wissen, denken und verstehen aus diesen Kenntnissen heraus gar nichts und sind auch keineswegs weise, sondern werden nur mittels derselben von ihren Trieben geleitet – beinahe wie Blinde von ihren Hunden durch die Straßen geführt werden, sind sie doch, was den Verstand betrifft, blind – oder besser: wie Nachtwandler, die bei ruhendem Verstand aus blindem Willen handeln.

Zuletzt äußerten sich die im Osten Sitzenden: »Wir stimmen mit unseren Brüdern darin überein, dass der Mensch nichts aus sich, sondern nur aus anderen und durch andere weiß, damit er einsehen und anerkennen möge, dass alles, was er weiß, versteht und worin er weise ist, von Gott stammt. Der Mensch kann auf andere Weise nichts vom Herrn empfangen, nicht gezeugt und geboren und zu Gottes Bild und Ähnlichkeit werden. Denn zum Bilde Gottes wird er, wenn er anerkennt und glaubt, dass er alles Gute der Liebe und Nächstenliebe, ebenso wie alles Wahre der Weisheit und des Glaubens empfangen hat und empfängt aus dem Herrn und nichts davon aus sich selbst. Zur Ähnlichkeit Gottes aber wird er, wenn er dabei das Gefühl hat, es stamme aus ihm. Und er hat dieses Gefühl, weil er nicht mit Kenntnissen geboren wird, sondern Kenntnisse empfängt und es ihm so scheint, als komme dieses Empfangen durch ihn selbst. Dieses Gefühl wird dem Menschen ebenfalls vom Herrn verliehen, damit er Mensch und nicht Tier sei. Denn dadurch, dass er will, denkt, liebt, weiß und weise ist wie aus sich, erhöht er die aufgenommenen Erkenntnisse zur Einsicht und durch ihre Anwendung zur Weisheit. Auf diese Weise verbindet sich der Herr mit dem Menschen und dieser sich mit dem Herrn. Dies ist nur möglich, weil durch des Herrn Vorsehung der Mensch in gänzliche Unwissenheit geboren wird.«

Nach diesen Ausführungen bestand der allgemeine Wunsch, die Erörterungen zu einem Beschluss zusammenzufassen. Er lautete: »Der Mensch wird in keinerlei Wissen hineingeboren, damit er zu allem Wissen gelangen und Einsicht und dadurch Weisheit entwickeln könne. Und er wird auch ohne Liebe geboren, damit er durch einsichtsvolle Anwendung seiner Kenntnisse zur Liebe und durch die Nächstenliebe zur Gottesliebe gelangen kann. Auf diese Weise wird er mit dem Herrn verbunden und dadurch zum Menschen, der ewig leben kann.«

135. Anschließend wurde der dritte Punkt der Untersuchung verlesen: »Was ist zu verstehen unter dem Baum des Lebens, dem Baum der Erkenntnis des Guten und Bösen sowie unter dem Essen von ihnen?« Die nach Osten zu Sitzenden wurden von den übrigen gebeten, dieses Geheimnis, das tieferer Einsicht bedürfe, zu entwickeln, da sie im flammenden Licht, d.h. in der Weisheit der Liebe seien; denn darin liege ja die Bedeutung des Gartens Eden, in dem diese beiden Bäume standen. Sie antworteten: »Ja, wir wollen darauf antworten, aber weil der Mensch nichts aus sich, sondern alles aus dem Herrn empfängt, so sagen wir es aus Ihm, dabei aber doch wie aus uns selbst«, und nun sprachen sie: »Der Baum des Lebens bedeutet den Menschen, seine Frucht das Gute des Lebens. Daher wird durch den Baum des Lebens der aus Gott lebende Mensch bezeichnet, bzw. Gott, sofern Er im Menschen lebt. Liebe und Weisheit, Nächstenliebe und Glaube – oder auch das Gute und Wahre – bilden das Leben Gottes im Menschen, darum werden sie durch den Baum des Lebens bezeichnet und hat der Mensch ewiges Leben. Etwas ähnliches bezeichnet auch der Baum des Lebens, von dem zu essen gegeben wird (*Offenbarung* 2,7; 22,2.14).

Der Baum der Erkenntnis des Guten und Bösen hingegen bezeichnet den Menschen, wenn er aus sich und nicht aus Gott zu leben glaubt. Er meint, Liebe und Weisheit, Nächstenliebe und Glaube, d.h. das Gute und Wahre in ihm, seien sein und nicht Gottes. Ein solcher Mensch glaubt das, weil er allem Anschein nach von sich aus denkt, will, redet und handelt. Und weil er sich einbildet, Gott habe sich in ihn eingesenkt, bzw. ihm sein Göttliches eingeprägt, darum sprach die Schlange: »Gott weiß, dass welches Tages ihr von der Frucht jenes Baumes essen werdet, eure Augen sich auftun und ihr sein werdet wie Gott, wissend Gutes und Böses« (*Genesis* 3,5).

Das Essen von jenen Bäumen bezeichnet allgemein Aufnahme und Aneignung, das Essen vom Baum des Lebens die Aufnahme des ewigen Lebens und das Essen vom Baum der Erkenntnis des Guten und Bösen die Aufnahme der Verdammnis. Darum wurden auch beide, Adam und sein Weib, zugleich mit der Schlange verflucht. Unter der Schlange ist der Teufel zu verstehen, nämlich das, was die Eigenliebe und den Dünkel eigener Einsicht betrifft; denn diese Liebe ist gewissermaßen der Besitzer jenes Baumes, und die Menschen, die dem jener Liebe entspringenden Dünkel huldigen, sind solche Bäume. Es ist also ein grober Irrtum zu meinen, Adam sei aus sich heraus weise gewesen und habe das Gute getan, und darin habe seine Unschuld bestanden. Gerade als er das glaubte, wurde er ja ›verflucht‹. Er fiel aus dem Stand der Unschuld, in dem er gewesen war, solange er glaubte, er sei weise und tue das Gute aus Gott und nichts davon aus sich selbst. Das ist zu verstehen unter dem Essen vom Baum der Erkenntnis des Guten und Bösen. Der Herr allein war auf Erden weise und tat Gutes aus sich, weil das Göttliche selbst durch seine Geburt in ihm und so sein eigen war. Darum wurde er auch aus eigener Macht zum Erlöser und Heiland.«

Aus alledem kamen sie zu folgendem Beschluss: »Der Baum des Lebens und der Baum der Erkenntnis des Guten und Bösen wie das Essen von ihnen bezeichnet folgendes: Das Leben besteht für den Menschen darin, dass Gott in ihm ist und ihm dadurch das ewige Leben zuteil wird, der Tod aber darin, dass der Mensch sich einredet und glaubt, nicht Gott, sondern er selbst sei oder habe das Leben; denn auf diese Weise wird dem Menschen die Hölle und der ewige Tod, d.h. die Verdammnis zuteil.«

136. Danach sahen sie, dass das von den Engeln auf dem Tisch zurückgelassene Papier am Schluss die Aufforderung enthielt, ihre drei Antworten zu einem Ausspruch zu vereinigen. Als sie sich damit beschäftigten, erkannten sie, dass sie tatsächlich zusammenhingen und folgende Sentenz ergaben: »Der Mensch ist geschaffen, um die Liebe und Weisheit von Gott aufzunehmen, jedoch so, dass es den Anschein hat, als geschehe es von ihm selbst aus, und zwar damit er es aufnehmen und sich mit Gott verbinden kann. Deshalb wird der Mensch ohne Liebe und ohne Wissen geboren, ebenso ohne die Fähigkeit, aus sich selbst zu lieben und weise zu sein. Schreibt er daher alles Gute der Liebe und alles Wahre der Weisheit Gott zu, wird er zu einem lebendigen, schreibt er es aber sich selbst zu, wird er zu einem leblosen Menschen.« Diese Sätze schrieben sie auf ein neues Blatt Papier und legten es auf den Tisch. Und siehe, plötzlich erschienen wieder die Engel. Sie standen in einem blendend weißen Licht und nahmen das Blatt in den Himmel mit. Nachdem es dort gelesen war, hörten die Versammelten von dort her die Worte: »Gut, gut, gut!« Und augenblicklich erschien aus dem Himmel ein Engel, als ob er flöge. Er hatte an den Füßen und an den Schläfen etwas wie zwei Flügel und trug in seinen Händen Auszeichnungen, die aus Gewändern, Hüten und Lorbeerkränzen bestanden. Er ließ sich nieder, gab denen im Norden opalfarbene und denen im Westen scharlachrote Gewänder. Die gen Süden Sitzenden erhielten Hüte, deren Säume mit goldenen Bändern und Perlen und deren Ränder auf der linken Seite mit blumenförmig geschnittenen Diamanten verziert waren. Die gen Osten saßen, empfingen Lorbeerkränze mit Rubinen und Saphiren. Geschmückt mit diesen Auszeichnungen gingen alle aus der Schule der Weisheit nach Hause. Als sie sich ihren Frauen zeigten, kamen ihnen diese entgegen. Zur Verwunderung der Männer waren sie ebenfalls mit Ehrenzeichen geschmückt, die ihnen aus dem Himmel geschenkt worden waren.

Eheliche Liebe 270

270. Eines Morgens nach dem Erwachen vertiefte sich mein Denken in einige Geheimnisse der ehelichen Liebe, zuletzt aber in das folgende: In welchem Bereich des menschlichen Gemüts hat die wahrhaft eheliche Liebe ihren Sitz, und in welchem die eheliche Kälte? Ich wusste ja, dass es im menschlichen Gemüt drei übereinander gelegene Bereiche gibt, und dass im untersten die natürliche Liebe, im darüber gelegenen die geistige und im obersten die himmlische wohnt, in jedem Bereich aber eine Ehe des Guten und Wahren besteht. Ich wusste auch, dass in jedem dieser Bereiche die Ehe der Liebe und Weisheit ist, da ja das Gute zur Liebe und das Wahre zur Weisheit gehört, und ferner wusste ich, dass diese Ehe identisch ist mit der Ehe des Willens und des Verstandes, weil der Wille das Aufnahmegefäß der Liebe und der Verstand das Aufnahmegefäß der Weisheit bildet. Als ich mich in diese Gedanken vertieft hatte, siehe, da erschienen mir zwei Schwäne, die gen Norden, bald darauf zwei Paradiesvögel, die nach Süden und zwei Turteltauben, die nach Osten flogen. Als ich ihrem Flug mit den Augen folgte, sah ich, wie die beiden Schwäne ihre Richtung von Norden nach Osten lenkten, ebenso wie die beiden Paradiesvögel, die zuerst nach Süden geflogen waren. Beide Paare gesellten sich mit den Turteltauben im Osten zusammen und flogen nun gemeinsam einem hoch aufragenden Palast entgegen, der von Ölbäumen, Palmen und Buchen umgeben war. Am Palast erkannte man drei Fensterreihen übereinander, und als ich genauer hinblickte, sah ich, wie die Schwäne durch die offenen Fenster des untersten Stockwerks in den Palast hineinflogen, die Paradiesvögel durch die des zweiten und die Turteltauben durch die des obersten Stockwerks. Nachdem ich das beobachtet hatte, stand plötzlich ein Engel bei mir und fragte: »Verstehst du auch, was du gesehen hast?« Ich sagte: »Ein wenig.« Da sagte er: »Der Palast bildet die Wohnstätten der ehelichen Liebe in den Gemütern der Menschen vor, der oberste Stock, in den die Turteltauben hineinflogen, den obersten Gemütsbereich, wo die eheliche Liebe in der Liebe zum Guten mit ihrer Weisheit wohnt, das mittlere Geschoss, in den sich die Paradiesvögel zurückzogen, den mittleren Bereich, wo die eheliche Liebe in der Liebe zum Wahren samt ihrer Einsicht wohnt, und das unterste Stockwerk, in den sich die Schwäne hineinbegaben, den untersten Gemütsbereich, wo die eheliche Liebe in der Liebe zu dem, was gerecht und redlich ist, samt dem zugehörigen Wissen wohnt. Ähnliches bedeuten die drei verschiedenen Arten von Bäumen, die den Palast umgeben, Ölbäume, Palmen und Buchen. Im Himmel bezeichnen wir den obersten Gemütsbereich als den himmlischen, den mittleren als den geistigen und den untersten als den natürlichen, und wir betrachten sie wie die übereinander liegenden Wohnungen eines Hauses, die

durch Treppen miteinander verbunden sind, so dass man hinauf- und hinabsteigen kann. In jeder Wohnung befinden sich zwei Räume, einer für die Liebe und der andere für die Weisheit; nach vorn liegt ein Schlafzimmer, in dem sich die Liebe mit ihrer Weisheit bzw. das Gute mit seinem Wahren oder, was dasselbe ist, der Wille mit seinem Verstand wie auf dem ehelichen Lager zusammengesellen. An diesem Palast zeigen sich also wie im Bilde alle Geheimnisse der ehelichen Liebe.«

Als ich das vernommen hatte, regte sich in mir der Wunsch, den Palast näher zu betrachten, und so fragte ich, ob man ihn besichtigen dürfe, da er ja eine Vorbildung sei. Der Engel antwortete: »Das dürfen nur Bewohner des dritten Himmels, weil bei ihnen alles, was Liebe und Weisheit vorbildet, zur Wirklichkeit wird. Von ihnen habe ich gehört, was ich dir erzählte. Dazu gehört auch folgendes: Die wahrhaft eheliche Liebe wohnt im obersten Bereich inmitten der gegenseitigen Liebe im Gemach oder Zimmer des Willens, ebenso wie im Gemach oder Zimmer des Verstandes inmitten der Wahrnehmungen der Weisheit; und im Schlafgemach, das an der Vorderseite im Osten liegt, gesellen sie sich auf dem ehelichen Lager zusammen.« Auf meine weitere Frage, warum es denn zwei Gemächer gebe, antwortete er: »Der Ehemann wohnt im Gemach des Verstandes, die Ehefrau in dem des Willens.«

Als ich dann fragte: »Wenn dort die eheliche Liebe wohnt, wo dann die eheliche Kälte?« sagte er: »Ebenfalls im obersten Bereich, aber nur im Gemach des Verstandes, während das dortige Gemach des Willens verschlossen ist. Der Verstand mit seinen Wahrheiten kann nämlich so oft er will durch eine Wendeltreppe in den obersten Bereich zu seinem Gemach emporsteigen. Steigt aber nicht zugleich mit ihm der Wille mit dem Guten seiner Liebe in das damit verbundene Gemach empor, wird es verschlossen und im anderen entsteht dann Kälte, die eheliche Kälte. Solange eine derartige Kälte gegen die Gattin besteht, blickt der Verstand vom obersten Bereich herab auf den untersten, und wenn ihn nicht die Furcht zurückhält, steigt er auch hinab, um sich dort am unerlaubten Feuer zu wärmen.«

Danach wollte er anhand der Vorbildungen jenes Palastes noch weiteres über die eheliche Liebe mitteilen, sprach aber schließlich: »Genug für heute! Denk zunächst einmal darüber nach, ob dies deinen gesunden Menschenverstand übersteigt, und wenn ja, wozu dann noch mehr? Wenn nicht, so wird dir noch mehr enthüllt werden.«

Eheliche Liebe 315

315. Nicht weit von mir sah ich einst ein meteorologisches Phänomen: eine Wolke, die sich in mehrere kleinere Wolken zerteilte, von denen einige blau und andere dunkel waren. Es schien mir, als ob sie untereinander zusammenstießen, wobei Streifen von Strahlen hindurchleuchteten, die mal scharf wie Dolche erschienen, mal aber auch stumpf wie zerbrochene Degen. Diese Streifen rückten bald aufeinander los, bald zogen sie sich wieder zurück, ganz nach der Art von Fechtern. Mit anderen Worten, es schien, als ob diese verschiedenfarbigen Wölkchen miteinander kämpften. Freilich war es nur ein Spiel. Und weil sich dieses Phänomen nicht weit von mir zeigte, blickte ich genauer hin. Da sah ich Knaben, Jünglinge und Greise, die in ein Haus hineingingen, das aus Marmor bestand und auf einer Basis von Porphyr errichtet war. Über diesem Hause zeigte sich das merkwürdige Wolkenspiel. Nun sprach ich einen der Eintretenden an und fragte, was das hier sei. Er antwortete: »Das hier ist ein Gymnasium, wo junge Menschen in verschiedene Gebiete der Weisheit eingeführt werden.« Als ich das hörte, schloss ich mich ihnen an und trat ein. Ich war aber im Geist, d.h. in einem Zustand, in dem auch die Menschen der geistigen Welt sind, die man Geister und Engel nennt. Und siehe, im Vordergrund des Gymnasiums stand ein Pult, in der Mitte waren Bänke und an den Seiten ringsum Stühle. Über dem Eingang aber befand sich ein Orchesterraum. Das Pult war für die Jünglinge, die auf die ihnen vorgelegte Frage antworten sollten, die Bänke für die Zuhörer, die Stühle an den Seiten für diejenigen, die bei früheren Anlässen gut geantwortet hatten, und der Orchesterraum für die Ältesten, die als Schiedsrichter und Sachverständige fungieren sollten. Auf einer Tribüne, die sich in der Mitte des Orchesterraums erhob, saß ein weiser Mann, der als Oberlehrer bezeichnet wurde und die Aufgaben stellte, die die Jünglinge beantworten sollten. Als alles versammelt war, stand er auf und sagte: »Die heutige Aufgabe lautet: Was und wie beschaffen ist die Seele? Bitte beantwortet diese Frage, wenn ihr könnt.«

Bei diesen Worten entsetzten sich alle und begannen, miteinander zu flüstern. Einige aber von den auf den Bänken Sitzenden riefen: »Wer von allen Menschen, die seit dem Zeitalter des Saturn bis zur Gegenwart gelebt haben, hätte je auf vernünftige Art erkannt und erfasst, was die Seele ist, geschweige denn, welcher Art sie ist? Übersteigt das nicht den Horizont aller Menschen?« Vom Orchesterraum her hörte man jedoch erwidern: »Es geht keineswegs über den Verstand, sondern liegt innerhalb seines Bereichs. Antwortet nur!« Bei diesen Worten machten sich die für diesen Tag dazu bestimmten Jünglinge bereit, das Pult zu besteigen und die Frage zu beantworten. Es waren ihrer fünf, die von den Ältesten geprüft und für besonders klug befunden worden waren. Sie nahmen links und rechts vom Pult auf Polstersesseln Platz und bestiegen es nun einer nach dem anderen, ihrer Sitzordnung gemäß. Dabei zog jeder zunächst eine opalfarbige Tunika an, darüber ein Oberkleid aus weicher Wolle mit eingewirkten Blumen, und zuletzt bedeckte er sich mit einem Hut, dessen Wölbung ein Rosenkranz zierte, der von kleinen Saphiren umschlungen war.

Ich sah, wie der erste in dieser Kleidung das Pult bestieg und hörte ihn sagen: »Was und wie beschaffen die Seele ist, das ist vom Tag der Schöpfung an noch keinem offenbart worden. Es ist ein Geheimnis, verborgen allein in der Schatzkammer Gottes. Soviel aber weiß man, nämlich dass die Seele im Menschen wie eine Königin residiert. Wissenschaftlich gebildete Seher haben zu ergründen versucht, wo sich ihre Residenz befinden könnte. Einige meinten sie in jener kleinen Erhöhung zwischen Groß- und Kleinhirn zu erkennen, die man als Zirbeldrüse bezeichnet. In sie verlegten sie den Sitz der Seele, weil der ganze Mensch von diesen beiden Gehirnen aus regiert wird, jene Erhöhung sie dazu anregt und nach ihrem Belieben die Gehirne zur Wirkung bestimmt – damit aber den ganzen Menschen von Kopf bis Fuß.« Er fügte noch hinzu: »Aus diesem Grund erschien dies in der Welt vielen als richtig oder doch wahrscheinlich. Ein Jahrhundert später wurde es aber als bloße Mutmaßung verworfen.« Sprach's, legte Gewand und Hut ab und übergab alles dem nächsten der Auserwählten, der sich nun damit bekleidete und das Pult einnahm.

Sein Ausspruch über die Seele lautete: »Im ganzen Himmel und in der ganzen Welt weiß man nicht, was und wie beschaffen die Seele ist. Freilich weiß man, dass es sie gibt und sie im Menschen wohnt, aber wo sie ihren Sitz hat, kann man nur raten. Sicher scheint mir soviel, dass er sich im Kopf befindet, weil hier der Verstand denkt und der Wille seine Absichten formt, ebenso auch, weil sich im Gesicht, also einem Teil des Kopfes, die Sinneswerkzeuge des Menschen befinden. Das alles wird allein von der Seele, die im Kopf ihren Sitz hat, belebt. Wo sie sich aber dort befindet, darüber wage ich keine Behauptung aufzustellen. Vielmehr habe ich zwischen den verschiedenen Meinungen geschwankt: Sitz in den drei Kammern des Großhirns, in den streifigen Körpern des Großhirns, in der Marksubstanz beider Gehirne, in der Rindensubstanz oder in der harten Hirnhaut. Es fehlte sozusagen nicht an Indizien, die für den einen oder anderen Sitz der Seele sprachen. Ein Indiz für ihren Sitz in den drei Kammern des Großhirns war die Tatsache, dass diese Gefäße die der Lebensgeister und aller Lymphen des Gehirns sind; für den Sitz der Seele in den streifigen Körpern sprach, dass diese das Mark bilden, durch das die Nerven austreten und beide Gehirne sich ins Rückenmark fortsetzen und aus dem Mark und dem Gehirn die Fibern hervorgehen, aus denen der ganze Leib zusammengewoben ist. Indizien für die Marksubstanz beider Gehirne waren, dass sie Knotenpunkt und Sammelplatz aller Fibern sind, die die Anfänge des ganzen Menschen bilden. Die Gründe, die Rindensubstanz für den Sitz zu halten, bestanden darin, dass hier die ersten und letzten Endpunkte und damit die ersten Anfänge aller Fibern, mithin aller Sinne und Bewegungen liegen. Für die harte Hirnhaut wiederum sprach, dass sie die gemeinsame Decke beider Gehirne darstellt, die sich von dort aus gewissermaßen fortsetzt und ausdehnt in Herz und Eingeweide des Körpers. Was mich angeht, so entscheide ich mich weder für das eine noch für das andere. Entscheidet ihr und wählt, was richtiger ist.« Mit diesen Worten verließ er das Pult und übergab seine Gewänder dem Dritten.

Dieser trat nun ans Pult und sagte: »Was soll ich junger Mensch mit einer so sublimen Frage anfangen? Ich wende mich an die Gelehrten, die hier an den Seiten sitzen, und an euch, ihr Weisen in der Runde, ja ich wende mich an die Engel des höchsten Himmels: Kann jemand aus dem Licht seiner Vernunft eine Vorstellung von der Seele erlangen? Ich kann über ihren Sitz ebenso wie andere nur spekulieren und vermute denn auch nur, dass er sich im Herzen und von da aus im Blute findet. Meine Mutmaßung stützt sich darauf, dass das Herz mit seinem Blut Körper und Haupt belebt, sendet es doch jenes große Gefäß, Aorta genannt, in den ganzen Leib und die Gefäße der sogenannten Carotiden ins Haupt. Daher stimmt man allgemein überein, dass die Seele vom Herzen aus durch das Blut das ganze organische System von Körper und Haupt erhält, ernährt und belebt. Diese Behauptung wird dadurch noch zusätzlich gestützt, dass in der Heiligen Schrift so oft Herz und Seele zusammen genannt werden, z.B. ›du sollst Gott lieben von ganzer Seele und von ganzem Herzen‹ und Gott werde im Menschen ›eine neue Seele und ein neues Herz schaffen‹ (*Deuteronomium* 6,5.11; 11,14; 26,16; *Jeremia* 32,41; *Matthäus* 22,37; *Markus* 12,30.33; *Lukas* 10,27 und an anderen Stellen). Mit klaren Worten wird auch gesagt, dass das Blut die Seele des Fleisches sei, *Levitikus* 17,11.14.« Darauf riefen einige Kanoniker mit lauter Stimme: »Wie gelehrt!«

Hierauf legte der Vierte die Kleider an, begab sich zum Pult und sprach: »Auch ich bin der Meinung, dass niemand über ein so feines und geübtes Denkvermögen verfügt, um zu sagen, was und wie beschaffen die Seele ist. Daher behaupte ich, wer sie erforschen will, bemüht seinen Scharfsinn vergeblich. Dennoch bin ich seit meiner Knabenzeit dem Glauben treu geblieben, die Meinung der Alten sei richtig gewesen, wonach die Seele des Menschen ihren Sitz im ganzen Leib wie in jedem Teil desselben habe, folglich im Haupt wie im Körper mit allen einzelnen Teilen. Und so glaube ich, dass der Gedanke der Neuerer, der Seele irgendwo einen bestimmten Ort zuzuweisen statt im Ganzen, abwegig ist. Zudem ist die Seele eine geistige Substanz, von der weder Ausdehnung noch Ort ausgesagt werden kann, sondern nur Wohnen und Erfüllen. Wer meint nicht das Leben selbst, wenn er von der Seele spricht, und ist das Leben nicht ebenso im Ganzen wie in jedem einzelnen Teil?« Diese Worte fanden unter den Zuhörern viel Beifall.

Nun erhob sich der Fünfte, geschmückt mit denselben Insignien, und sprach vom Pult aus: »Ich will mich nicht mit der Frage aufhalten, wo die Seele ihre Sitz hat, ob in irgendeinem Teil oder überall im Ganzen. Vielmehr möchte ich meine Meinung dazu sagen, was und wie beschaffen die Seele ist. Jedermann denkt sich die Seele als etwas Reines, vergleichbar dem Äther, der Luft oder dem Wind. In ihr liegt durch die Vernunft, die der Mensch den Tieren voraus hat, die Lebenskraft. Diese Auffassung begründe ich damit, dass man beim Tode des Menschen sagt, er hauche seine Seele aus oder gebe seinen Geist auf. Daher glaubt man auch, die nach dem Tode fortlebende Seele sei ein solcher Hauch, und darin befinde sich das denkende Leben, Seele genannt. Was sonst könnte die Seele sein? Nun haben wir aber vom Orchesterraum her gehört, die Lösung der Frage, was und wie beschaffen sie sei, übersteige nicht den Verstand, sondern sei ihm möglich und liege vor Augen. So ersuche und bitte ich euch nun, ihr selbst möget dieses ewige Geheimnis offenbaren.«

Da blickten die Ältesten im Orchesterraum den Oberlehrer an, der die Aufgabe gestellt hatte, und alsbald stieg er von der Tribüne herab, durchquerte den Hörsaal und trat ans Pult. Die Hand ausstreckend, sprach er: »Hört gut zu! Wer von euch glaubt nicht, dass die Seele das innerste und feinste Wesen des Menschen ist? Wäre aber nicht ein Wesen ohne Form ein bloßer Gedanke? Mithin ist die Seele eine Form. Doch welche? Das will ich nun sagen: Sie ist die Form von allem, was zur Liebe und von allem, was zur Weisheit gehört. Alles, was zur Liebe gehört, nennt man Neigungen (affectiones), und alles, was zur Weisheit gehört, Wahrnehmungen (perceptiones). Diese gehen aus jenen hervor und bilden mit ihnen eine gemeinsame Form, in der sich Unzähliges in solcher Ordnung und Reihenfolge und solchem Zusammenhang befindet, dass man es als Einheit bezeichnen kann, und das um so mehr, als man von dieser Form weder etwas wegnehmen noch etwas hinzufügen kann. Was anderes könnte die menschliche Seele sein, als eine solche Form? Bildet nicht alles, was zur Liebe und alles, was zur Weisheit gehört, die wesentlichen Bestandteile jener Form und erfüllt beim Menschen die Seele und von da aus Haupt und Leib? Man nennt euch Geister und Engel. In der Welt aber hattet ihr geglaubt, Geister und Engel seien etwas Luftiges, ätherische Wesen, bloße Gemüter und Seelen. Jetzt erst seht ihr klar, dass ihr wahrhaftig, wirklich und tatsächlich Menschen seid, Menschen, die in der Welt gelebt und in einem materiellen Leib gedacht haben und wart euch doch bewusst, dass nicht der materielle Leib aus sich denkt, sondern eine geistige Substanz in ihm. Diese Substanz habt ihr als Seele bezeichnet, deren Form euch unbekannt schien. Jetzt aber habt ihr sie erkannt und seht sie: Ihr alle seid Seelen, über deren Unsterblichkeit ihr soviel gehört, gedacht, gesprochen und geschrieben habt. Und weil ihr Formen der Liebe und Weisheit von Gott seid, könnt ihr in Ewigkeit nicht sterben. Die Seele ist also die menschliche Form, von der man nichts wegnehmen und zu der man nichts hinzufügen kann, die innerste Form aller Formen des ganzen Leibes. Weil aber die äußeren Formen von der innersten sowohl ihr Wesen als auch ihre Gestalt empfangen, darum seid ihr Seelen, so wie ihr euch gegenseitig und vor uns erscheint. Mit einem Wort: Die Seele ist der Mensch selbst, weil sie der innerste Mensch ist. Darum ist ihre Form vollständig und vollkommen menschlich. Sie ist jedoch nicht das Leben selbst, sondern das nächste Aufnahmegefäß des aus Gott hervorgehenden Lebens, somit eine Wohnung Gottes.« Viele zollten diesen Worten Beifall, einige aber sprachen: »Wir wollen darüber nachdenken.«

Ich begab mich nun auf den Heimweg; und siehe, anstelle der vorigen Lufterscheinung erschien nun über dem Gymnasium eine weiße Wolke ohne gegeneinander kämpfende Streifen oder Strahlen. Diese Wolke durchdrang nun das Dach des Gebäudes und beleuchtete die Wände. Ich vernahm, dass man daran Stellen aus der Schrift habe sehen können, darunter auch die folgende: »JHWH Gott blies dem Menschen in seine Nase die Seele der [beiden] Leben, und so ward der Mensch zu einer lebendigen Seele« (*Genesis* 2,7).

Eheliche Liebe 326–329

326. Nachdem das Seelen-Problem in dem erwähnten Gymnasium erörtert und gelöst worden war, sah ich, wie man hinausging, allen voran der Oberlehrer, nach ihm die Ältesten, in ihrer Mitte die fünf Jünglinge, denen die Aufgabe gestellt worden war, und schließlich die übrigen. Man zerstreute sich nach beiden Seiten um das Gebäude, wo zwischen Gebüschen Spazierwege angelegt waren. Hier teilte man sich in kleine Gruppen oder Gesellschaften und sprach miteinander über Weisheitsfragen. In jeder dieser Gruppen befand sich einer der Weisen aus dem Orchesterraum.

Als ich das von meiner Herberge aus beobachtete, wurde ich vollends in den geistigen Zustand versetzt, ging zu ihnen hinaus und trat zum Oberlehrer, der kurz zuvor das die Seele betreffende Problem gestellt hatte. Als er mich sah, sprach er: »Wer bist du? Als du auf dem Wege da herankamst, sah ich dich und sah dich auch wieder nicht – anders ausgedrückt: du bist mir erschienen und plötzlich wieder nicht. Du bist gewiss nicht im

Lebenszustand der Unsrigen.« Lächelnd antwortete ich: »Ich bin weder ein Schauspieler noch ein Vertumnus, vielmehr bin ich abwechselnd bald in eurem Licht, bald in eurem Schatten, mit anderen Worten: ein Fremder wie auch ein Einheimischer.« Hierauf sah mich der Oberlehrer an und sagte: »Du redest seltsame und wunderliche Dinge. Sage mir, wer du bist.« Da sagte ich: »Ich lebe in der Welt, in der ihr früher auch gewesen seid, die ihr aber verlassen habt und die man die natürliche Welt nennt. Zugleich bin ich aber auch in der Welt, in die ihr dann gekommen seid und in der ihr nun lebt, die man die geistige nennt. So bin ich also im natürlichen, zugleich aber auch im geistigen Zustand; im natürlichen bin ich bei den irdischen Menschen, im geistigen bei euch. Bin ich im natürlichen Zustand, werde ich von euch nicht gesehen, bin ich im geistigen, so seht ihr mich. Dies ist mir vom Herrn verliehen worden. Es ist dir bekannt, du Erleuchteter, dass der Mensch der natürlichen Welt den Menschen der geistigen Welt nicht sieht, ebenso umgekehrt. Darum bin ich dir nicht erschienen, wenn ich meinen Geist in den Körper versetzte, wenn ich ihn aber wieder hinausversetzte, erschien ich dir. Du hast im Gymnasium auch gelehrt, dass ihr Seelen seid und die Seelen einander sehen, weil sie menschliche Gestalten sind und weißt ja, dass ihr euch oder eure Seelen nicht sehen konntet, solange ihr noch in der natürlichen Welt in euren Körpern wart. Der Grund dafür liegt im Unterschied zwischen dem Geistigen und dem Natürlichen.«

Als er diesen Unterschied nennen hörte, sagte er: »Was ist das für ein Unterschied? Handelt es sich dabei nicht um mehr oder weniger Reinheit? Ist also das Geistige etwas anderes als ein reineres Natürliches?« Ich antwortete: »Nein, um einen solchen Unterschied handelt es sich nicht, sondern darum, was zwischen einem Früheren und einem Späteren besteht, zwischen denen es kein abgegrenztes Verhältnis gibt. Das Frühere ist nämlich im Späteren und das Spätere aus dem Früheren, wie die Wirkung aus ihrer Ursache. Aus diesem Grunde erscheint auch das Eine nicht dem anderen.« Darauf sagte der Oberlehrer: »Ich habe über diesen Unterschied nachgedacht und mich hin und her besonnen, leider bisher vergeblich. Wie gern möchte ich ihn verstehen!« Ich erwiderte: »Du wirst den Unterschied zwischen dem Geistigen und Natürlichen nicht nur verstehen, du wirst ihn auch sehen!« Und ich fuhr fort: »Du bist im geistigen Zustand, wenn du bei Deinesgleichen bist, bei mir aber bist du im natürlichen Zustand. Mit Deinesgleichen redest du nämlich in der geistigen Sprache, die jeder Geist und Engel spricht, mit mir aber in meiner Muttersprache. Jeder Geist und Engel spricht nämlich mit einem irdischen Menschen in dessen Muttersprache, d.h. mit einem Franzosen Französisch, mit einem Engländer Englisch, mit einem Griechen Griechisch, mit einem

Araber Arabisch usw. Willst du also den Unterschied zwischen Geistigem und Natürlichem in bezug auf die Sprachen wissen, so mach es folgendermaßen: Begib dich zu Deinesgleichen, sage irgend etwas zu ihnen und merke dir die Wörter, dann komm zu mir zurück und wiederhole sie in meiner Gegenwart aus dem Gedächtnis.« Er machte es so, kam mit den Wörtern wieder zu mir zurück und sagte sie her. Aber er verstand selber kein einziges davon. Es waren völlig fremde und unverständliche Laute, wie sie in keiner irdischen Sprache vorkommen. Durch diesen mehrmals wiederholten Versuch wurde deutlich, dass alle in der geistigen Welt eine geistige Sprache haben, die nichts mit irgendeiner Sprache der natrlichen Welt gemein hat, und dass jeder Mensch nach seinem Hinschied von der Welt ganz von selbst die Fähigkeit erlangt, diese Sprache zu sprechen. Zugleich erfuhr er aber jetzt auch, dass sich der Ton der geistigen Sprache so sehr von dem der natürlichen Sprache unterscheidet, dass kein noch so lauter Ton der geistigen Sprache von einem natürlichen Menschen gehört werden kann, und umgekehrt. Danach bat ich den Oberlehrer und die Umstehenden, sie möchten zu ihren Gefährten hineingehen, irgendeinen Satz auf ein Blatt Papier schreiben, dann damit wieder zu mir herauskommen und es lesen. Das taten sie denn auch und kamen mit dem Papier in der Hand alsbald zurück. Als sie es aber lesen wollten, zeigte sich's, dass sie selber nichts davon verstanden, weil die Schrift nur aus einigen Buchstaben des Alphabets bestand, über denen sich Schnörkel befanden, von denen jeder den Sinn einer Sache bezeichnete. Weil jeder Buchstabe des Alphabets dort einen bestimmten Sinn bezeichnet, wird auch klar, warum der Herr das Alpha und Omega heißt. Sie versuchten es wieder und wieder, gingen hinein, schrieben, kamen wieder heraus und erklärten sich schließlich überzeugt, dass ihre Schrift Unzähliges enthält und in sich schließt, was eine natürliche Schrift überhaupt nicht auszudrücken vermag. Der Grund wurde auch angegeben: Die Gedanken des geistigen Menschen sind nämlich für den natürlichen vollkommen unverständlich und unaussprechlich und können darum in keine andere Schrift oder Sprache einfließen oder eingetragen werden. Aber die Anwesenden konnten immer noch nicht begreifen, dass das geistige Denken dem natürlichen so sehr überlegen und unaussprechlich ist. Darum schlug ich ihnen vor: »Macht doch die Probe, begebt euch wieder zu eurer geistigen Gesellschaft, denkt euch etwas, behaltet es im Gedächtnis und kommt dann wieder hierher, um es in meiner Gegenwart zu äußern.« Sie taten es, gingen zu ihrer Gesellschaft, dachten sich etwas, merkten es sich und kamen wieder zu mir heraus. Doch als sie das Gedachte äußern wollten, konnten sie es nicht, weil sie keine natürliche Denkvorstellung fanden, die irgendeiner geistigen Idee angemessen gewesen wäre, folglich auch kein passendes Wort, mit dem sie es hätten ausdrücken können. Jetzt gingen sie wieder hinein, kamen zurück und überzeugten sich endlich, dass die geistigen Vorstellungen übernatürlich, unausdrückbar, unaussprechlich und unbegreiflich für den natürlichen Menschen sind. Darum meinten sie nun, ihrer Erhabenheit wegen seien die geistigen Ideen oder Gedanken, verglichen mit den natürlichen, die Ideen und Gedanken an sich. Durch sie würden die Beschaffenheiten und auch die Neigungen als solche ausgedrückt, und folglich seien die geistigen Gedanken der Beginn und Ursprung der natürlichen Gedanken. Damit war auch klar, dass die geistige Weisheit die Weisheit aller Weisheit ist, folglich unfasslich für irgendeinen Weisen in der natürlichen Welt.

Hieraus wurde ihnen aus dem dritten Himmel gesagt, es gebe eine noch innerlichere oder höhere Weisheit, nämlich die himmlische. Deren Verhältnis zur geistigen Weisheit gleiche ihrem Verhältnis zur natürlichen Weisheit. Alle diese Weisheiten flössen in der den Himmeln gemäßen Reihenfolge aus der Göttlichen Weisheit des Herrn ein, die unendlich sei.

327. Nach diesem Geschehen sagte ich zu den Anwesenden: »Diese drei Erfahrungsbeweise haben euch gezeigt, was für ein Unterschied zwischen dem Geistigen und Natürlichen besteht und warum der natürliche Mensch nicht dem geistigen und der geistige Mensch nicht dem natürlichen erscheint, obwohl sie hinsichtlich ihrer Neigungen und Gedanken und daher auch, was ihre Anwesenheit betrifft, miteinander verbunden sind.«

Und an den Oberlehrer gewandt: »Das ist der Grund, warum ich von dir auf dem Wege bald gesehen und bald nicht gesehen wurde.« Nun ließ sich aus dem oberen Himmel eine Stimme vernehmen, die den Oberlehrer aufforderte, heraufzukommen. Das tat er denn auch, und als er wiederkam, berichtete er, die Engel hätten wie er selbst zuvor die Unterschiede zwischen dem Geistigen und dem Natürlichen nicht gekannt, und zwar weil sich ihnen bis dahin keine Vergleichsmöglichkeit bei einem Menschen geboten habe, der in beiden Welten zugleich gewesen sei; ohne Vergleichsmöglichkeit wären aber jene Unterschiede nicht zu erkennen.

328. Hierauf entfernten wir uns und sprachen wiederum über denselben Gegenstand; ich sagte: »Die genannten Unterschiede kommen nur daher, dass ihr in der geistigen Welt lebt, also geistig und damit im Substantiellen und nicht im Materiellen seid. Die substantiellen Dinge bilden aber die Anfänge der materiellen. Ihr befindet euch in den Prinzipien und somit auch im Einfachen, wir dagegen in dem von den Prinzipien Abgeleiteten (in principiates) und Zusammengesetzten. Ihr seid im Besonderen, wir im Allgemeinen. Und wie das Allgemeine nicht ins Besondere eingehen kann, so auch nichts Natürliches, also Materielles, in Geistiges, also Substantielles – ganz so wie ein Schiffstau nicht durch ein Nadelöhr eingehen oder

durchgezogen, ein Nerv nicht eingeführt werden kann in eine der Fasern, aus denen er besteht oder eine Faser in eins der Fäserchen, aus denen sie zusammengesetzt ist. Das weiß man auch in der Welt, und darum gibt es auch unter den Gelehrten einen Konsens, dass es keinen Einfluss aus dem Natürlichen ins Geistige gibt, sondern nur einen aus dem Geistigen ins Natürliche. Hierin liegt auch der Grund, warum der natürliche Mensch nicht denken kann, was der geistige denkt und es daher auch nicht auszudrücken vermag. Darum sagt Paulus, was er aus dem dritten Himmel gehört habe, seien ›unaussprechliche Dinge‹. Hinzu kommt noch, dass geistig denken bedeutet, ohne Zeit und Raum zu denken, natürlich denken aber in Zeit und Raum. Jeder natürlichen Denkvorstellung hängt nämlich etwas von Zeit und Raum an. Das ist bei geistigen Vorstellungen nicht der Fall, weil in der geistigen Welt nicht wie in der natürlichen Raum und Zeit bestehen, sondern nur etwas, das so erscheint. Hierdurch unterscheiden sich auch die Gedanken von dem, was man inne geworden ist (perceptiones). Deshalb könnt ihr auch über Gottes Wesen und seine Allgegenwart von Ewigkeit, d.h. über Gott vor der Erschaffung der Welt nachsinnen, weil ihr über Gottes Wesen von Ewigkeit ohne Zeit denkt und über seine Allmacht ohne Raum. Damit aber begreift ihr Dinge, die über die Vorstellungen des natürlichen Menschen hinausgehen.« Und nun erzählte ich ihnen, dass ich einmal über Gottes Wesen und Allmacht von Ewigkeit nachgegrübelt hätte. Aber weil ich Zeit und Raum noch nicht aus meinen Denkvorstellungen entfernen konnte, sei mir angst und bange geworden, da sich nun anstelle Gottes die Vorstellung der Natur eingedrängt habe. Doch da sei mir gesagt worden, ich solle die Vorstellungen von Raum und Zeit entfernen, dann würde ich erkennen. Und es sei mir dann auch gegeben worden, diese Vorstellungen zu entfernen und zu schauen. Von der Zeit an hätte ich mir Gott von Ewigkeit vorstellen können, hingegen in keiner Weise die Natur von Ewigkeit, weil Gott in aller Zeit ohne Zeit und im gesamten Raum ohne Raum ist. Die Natur aber ist immer in der Zeit und im Raum. Darum musste die Natur mit ihrer Zeit und ihrem Raum notwendigerweise einen Anfang haben und entstehen, nicht aber Gott, der ohne Zeit und Raum ist. So ist die Natur von Gott, nicht aber von Ewigkeit her, sondern in der Zeit, d.h. weder zu trennen von ihrer Zeit noch von ihrem Raum.

329. Nachdem mich der Oberlehrer und die übrigen verlassen hatten, begleiteten mich etliche Knaben, die auch in der Gymnasialschule gewesen waren, nach Hause und standen hier kurze Zeit bei mir, während ich das eben Erlebte niederschrieb. Da sahen sie auf einmal eine Motte über mein Papier laufen. Verwundert fragten sie: »Was ist das für ein Tierchen, das da so schnell läuft?« Ich sagte: »Das ist eine sogenannte Motte. Ich will

euch darüber Erstaunliches sagen« und sprach: »In diesem winzigen Wesen finden sich ebensoviele Glieder und Innereien wie in einem Kamel, nämlich Hirn, Herzkammern, Lungenröhren, Sinnes-, Bewegungs- und Zeugungsorgane, Magen, Gedärme usw. Und diese alle sind zusammengesetzt aus Fasern, Nerven, Blutgefäßen, Muskeln, Sehnen und Häutchen. All das besteht aber aus noch Reinerem, das weit über die Sehfähigkeit des Auges hinausgeht und daher verborgen ist.« Darauf entgegneten sie, dieses kleine lebendige Wesen erscheine ihnen gleichwohl nur als eine einfache Substanz. Ich erwiderte: »Dennoch enthält es unzählige Dinge, und ich sage das, damit ihr wisset, dass das für jeden Gegenstand gilt, der euch erscheint, als sei er einer, einfach und winzig klein. Und das gilt auch für die Einzelheiten eurer Handlungen, Neigungen und Gedanken. Ich kann euch versichern, jedes Teilchen eures Denkens, wie auch eurer Neigungen, ist bis ins Unendliche teilbar, und dass ihr in eben dem Maß weise seid, wie eure Vorstellungen teilbar sind. Wisset wohl: Je mehr man etwas teilt, desto vielfältiger, nicht desto einfacher wird es. Denn das immer wieder Geteilte kommt dem Unendlichen immer näher, in diesem aber ist auf unendliche Weise alles. Ich sage euch das als etwas Neues, bisher noch nicht Gehörtes.«

Nach diesen Worten verließen mich die Knaben und gingen zu ihrem Oberlehrer, den sie baten, er möchte im Gymnasium irgendwann einmal etwas bisher noch nicht bekanntes Neues als Problem aufgeben. Als er sie fragte: »Was denn?« antworteten sie: »Je mehr man etwas teilt, desto vielfältiger, nicht desto einfacher wird es, weil es dem Unendlichen immer näher kommt, in dem auf unendliche Weise alles ist.« Der Oberlehrer versprach, das Problem als Aufgabe zu stellen und sagte: »Das sehe ich ein; ich habe wahrgenommen, dass eine einzige natürliche Vorstellung unzählig viele geistige Vorstellungen in sich enthält, ja dass eine einzige geistige Vorstellung das Gefäß unzählig vieler himmlischer Vorstellungen ist. Darauf beruht der Unterschied zwischen der himmlischen Weisheit der Engel des dritten Himmels, der geistigen Weisheit der Engel des zweiten Himmels und der geistig-natürlichen Weisheit der Engel des letzten Himmels und auch der Menschen.«

Eheliche Liebe 380

380. Ich dachte einst mit Staunen daran, wieviele Menschen die Schöpfung, also alles, was unter und über der Sonne ist, der Natur zuschreiben und bei der Betrachtung dieser Dinge mit innerer Überzeugung ausrufen: »Ist das nicht ein Werk der Natur?!« Fragt man sie dann, weshalb sie meinen, es sei ein Werk der Natur und nicht ein Werk Gottes, da sie ja doch hin und wieder zusammen mit der Gemeinde in das Bekenntnis ein-

stimmten, dass Gott die Natur geschaffen habe; sie könnten daher doch ebensogut sagen, was sie sähen, sei ein Werk Gottes. Darauf pflegen sie mit einem unterdrückten, kaum vernehmlichem Ton zu erklären: »Was ist Gott anderes als die Natur?«

Sie alle treten, weil sie meinen und sich selbst eingeredet haben, das Weltall sei von der Natur geschaffen worden, mit Stolz und Hochmut auf und betrachten alle, die die Schöpfung für ein Werk Gottes halten, als eine Art Ameisen, die auf der Erde und auf der Straße umherlaufen oder auch als eine Art Schmetterlinge, die in der Luft fliegen und deren Ansichten sie als Träume bezeichnen, weil sie etwas zu sehen behaupten, was sie nicht sehen. Sie sagen: »Wer hat jemals Gott gesehen, aber wer sieht nicht die Natur?« Während ich über die große Zahl der Menschen staunte, die so denken, stand ein Engel an meiner Seite und sagte: »Woran denkst du?« Ich antwortete: »An die große Zahl derer, die der Meinung sind, die Natur habe das Weltall erschaffen.« Da sagte mir der Engel: »Aus ihnen besteht die ganze Hölle. Man nennt sie dort Satane und Teufel – Satane, wenn sie sich für die Natur entschieden und daher Gott geleugnet hatten, Teufel, wenn sie lasterhaft gelebt und auf diese Weise alle Anerkennung Gottes aus ihrem Herzen verbannt hatten. Ich will dich aber zu den Akademien im Südwesten führen, wo sich jene aufhalten, die so denken, aber noch nicht in der Hölle sind.« Er nahm mich bei der Hand und führte mich dorthin. Da erblickte ich mehrere Häuschen, in denen die Akademie tagte. In der Mitte stand eines, das wie der Sitz des Vorstehers aussah. Es war aus pechschwarzen Steinen errichtet, die mit Glassplittern übersät waren, die wie Gold und Silber schimmerten – ähnlich dem Marienglas. Hie und da waren auch schimmernde Muscheln eingelegt. Wir traten herzu und klopften. Jemand öffnete und hieß uns willkommen. Dann lief er zu einem Tisch, holte vier Bücher und sprach: »In diesen Büchern findet ihr die Weisheit, die heute in vielen Königreichen mit Beifall aufgenommen wird. Dies hier findet große Zustimmung in Frankreich, dies in Deutschland, das hier bei einigen in Holland, und dies in England.« Er fügte noch hinzu: »Wenn ihr wollt, will ich machen, dass diese vier Bücher vor euren Augen leuchten.« Bei diesen Worten streue er die Glorie seines bedeutenden Namens umher, und tatsächlich erstrahlten nun die Bücher wie von einem Licht, das unseren Augen jedoch sogleich wieder entschwand. Wir fragten ihn: »Und was schreibst du jetzt?« Er antwortete, er grabe gerade jetzt in seinen Schätzen und fördere Dinge der innersten Weisheit zutage. Dabei handele es sich, kurz gesagt, um folgende Probleme: 1. Stammt die Natur aus dem Leben oder kommt umgekehrt das Leben aus der Natur? 2. Gehört der Mittelpunkt zum Umkreis oder der Umkreis zum Mittelpunkt? 3. Mittelpunkt und Umkreis der Natur und des Lebens.

Nach diesen Worten nahm er auf dem Sessel am Tisch Platz, während wir uns in der weitläufigen Akademie umsahen. Auf seinem Tisch brannte eine Kerze, weil das Licht des Tagesgestirns fehlte und nächtlicher Mondschein herrschte. Dabei wunderte ich mich, dass sich das Kerzenlicht ringsumher verbreitete und das Umliegende zu beleuchten schien und doch, weil die Kerze nicht geputzt war, nur wenig Licht gab. Während er schrieb, sahen wir Bilder von allerlei Gestalten vom Tisch aus an die Zimmerwände fliegen. Sie erschienen in jenem Mondlicht wie schöne indische Vögel. Als wir dann aber die Tür öffneten, erschienen sie uns im Tageslicht wie Nachtvögel, mit netzförmigen Flügeln. Tatsächlich bezeichneten sie die Scheinwahrheiten, die er durch Begründungen zu Trugschlüssen gemacht und sinnvoll aneinander gereiht hatte.

Danach traten wir zu ihm an den Tisch und fragten ihn, was er jetzt gerade schreibe. Er antwortete, er behandle den ersten Punkt: Stammt die Natur aus dem Leben oder kommt umgekehrt das Leben aus der Natur? Darüber ließ er sich folgendermaßen aus: Er könne beides beweisen und zur Wahrheit erklären. Aber weil tief im Hintergrund der Frage etwas verborgen liege, das er fürchte, darum habe er nur zu beweisen gewagt, dass die Natur aus dem Leben stamme und nicht umgekehrt das Leben aus der Natur. Als man ihn dann höflich fragte, was denn im Hintergrund der Frage verborgen liege und ihm Angst mache, antwortete er, er könnte als Naturalist gelten, von den Geistlichen als Atheist bezeichnet werden und die Laien ihm womöglich die gesunde Vernunft absprechen. Die einen wie die anderen seien entweder aus blindem Glauben gläubig bzw. sähen durch die Brille derer, die den Glauben begründeten.

Wir entgegneten ihm in unserem Eifer für die Wahrheit mit einer gewissen Entrüstung: »Freund, du täuschst dich sehr. Deine Weisheit, die letztlich nur in der Kunst besteht, klug zu schreiben, hat dich verführt, und deine Berühmtheit treibt dich, etwas zu begründen, was du selber gar nicht glaubst. Ist Dir nicht bewusst, dass das menschliche Gemüt über das Sinnliche, das vom Körper her in den Gedanken ist, erhoben werden kann und dann alles, was zum Leben gehört, oben, alles aber, was zur Natur gehört, unten sieht? Was ist das Leben anderes als Liebe und Weisheit, die Natur aber deren Aufnahmegefäß, durch das sie ihre Wirkungen oder Nutzwirkungen ausüben? Wie können sie eins sein, wenn nicht als das Ursprüngliche und das Werkzeugliche? Kann etwa das Licht eins sein mit dem Auge oder der Schall mit dem Ohr? Woher sonst stammten diese Sinne, als aus dem Leben und ihre Formen als aus der Natur? Was ist der menschliche Körper anderes als ein Organ des Lebens? Ist in ihm nicht alles bis ins Letzte organisch gebildet, um hervorzubringen, was die Liebe will und der Verstand denkt? Entstammen nicht die leiblichen Organe der

Natur, Liebe und Denken aber dem Leben? Und sind nicht beide, Natur und Leben, völlig verschieden voneinander? Spanne deinen Scharfblick noch ein wenig mehr an, und du wirst sehen: mit dem Leben hängt es zusammen, dass wir zum Denken angeregt werden. Die Anregung geht von der Liebe, das Denken von der Weisheit aus. Beides geht aus dem Leben hervor, da ja, wie gesagt, Liebe und Weisheit das Leben sind. Und wenn du dann deinen Verstand noch ein wenig weiter treibst, wirst du erkennen, dass Liebe und Weisheit nicht ohne Ursprung existieren könnten und dieser in der absoluten Liebe und Weisheit, also im Leben selbst, liegen muss, also in Gott, aus dem die Natur stammt.«

Anschließend sprachen wir mit ihm über den zweiten Punkt: Gehört der Mittelpunkt zum Umkreis oder der Umkreis zum Mittelpunkt? Als wir ihn fragten, warum er das zum Thema seiner Forschung gemacht habe, sagte er: »Um mir über Mittelpunkt und Umkreis der Natur und des Lebens, folglich über ihren Ursprung klar zu werden.« Nach seiner Ansicht befragt, antwortete er wie zuvor, dass er beides beweisen könne, doch weil er um seinen guten Ruf besorgt sei, beweise er, dass der Umkreis zum Mittelpunkt gehöre, »obgleich ich mir bewusst bin, dass schon vor der Sonne etwas da war, und zwar überall im Universum, und dass es von selbst in eine Ordnung zusammenfloss, also in die Mittelpunkte.«

Wieder packte uns der Eifer, und unwillig sagten wir ihm: »Freund, du bist unsinnig!« Als er das hörte, rückte er mit dem Sessel vom Tisch weg, blickte uns scheu an und hörte uns mit einem Lächeln zu. Wir fuhren fort: »Gibt es etwas Unsinnigeres als die Behauptung, der Mittelpunkt stamme ab vom Umkreis? Wenn wir dich recht verstehen, meinst du mit dem Mittelpunkt die Sonne und mit dem Umkreis das Weltall. So wäre also das Weltall ohne Sonne entstanden? Schafft nicht erst die Sonne die Natur samt all ihren Eigenschaften, welche einzig und allein von Wärme und Licht abhängen, die von der Sonne durch die Atmosphären ausströmen? Wo waren sie vorher? Woher sie stammen, wollen wir dir im Folgenden erklären:

Sind nicht die Atmosphären samt allem auf Erden wie Oberflächen, deren gemeinsamer Mittelpunkt die Sonne ist? Können sie auch nur einen Augenblick ohne die Sonne bestehen? Folglich: was war all dies vor der Sonne? Konnte es da überhaupt bestehen? Und ist nicht das Bestehen ein fortwährendes Entstehen? Da folglich alles in der Natur von der Sonne her besteht, ist doch klar, dass auch alles Einzelne der Natur aus der Sonne entsteht. Jeder sieht und erkennt das auch aufgrund eigener Anschauung. Entsteht und besteht nicht das Spätere aus dem Früheren? Wäre die Oberfläche das Frühere und der Mittelpunkt das Spätere, würde dann nicht das Frühere durch das Spätere bestehen, was doch den Ordnungsgesetzen widerspricht? Wie kann das Spätere das Frühere oder das Äußere das Innere oder das Gröbere das Feinere hervorbringen; mit anderen Worten, wie können die Dinge, die zur Oberfläche gehören und den Umkreis bilden, die Mittelpunkte hervorbringen? Wer vermag nicht zu sehen, dass das den Naturgesetzen widerspräche? Diese Argumente aus der analytischen Vernunft beweisen doch, dass der Umkreis sein Dasein aus dem Mittelpunkt hat und nicht umgekehrt, obgleich es jeder richtig Denkende auch ohne Begründung einsieht. Du hast gesagt, der Umkreis sei von selber in den Mittelpunkt zusammengeflossen. Hat das dann rein zufällig jene wunderbare und staunenswerte Ordnung bewirkt, dass eins um des anderen willen und alles um des Menschen und seines ewigen Lebens willen besteht? Kann denn die Natur aufgrund irgendeiner Liebe und durch irgendeine Weisheit dergleichen vorsehen, kann sie aus Menschen Engel und aus Engeln einen Himmel bilden? Nimm das einmal als gegeben an und denke darüber nach. Deine Vorstellung von der Entstehung der Natur aus der Natur bricht dann von selbst zusammen.«

Danach fragten wir ihn, was er sich beim Dritten gedacht habe und jetzt denke, nämlich über den Mittelpunkt und Umkreis der Natur und des Lebens. Ob er glaube, Mittelpunkt und Umkreis des Lebens seien identisch mit dem Mittelpunkt und Umkreis der Natur? Er sagte, da zögere er noch. Zuerst habe er gedacht, die innere Tätigkeit der Natur sei das Leben, und Liebe und Weisheit, die im wesentlichen das Leben des Menschen bilden, stammten daher; das Feuer der Sonne bringe sie durch ihre Wärme und ihr Licht mithilfe der Atmosphären hervor. Jetzt aber sei er aufgrund dessen, was er über das ewige Leben der Menschen gehört habe, im Ungewissen, und das bewirke, dass sein Gemüt mal nach oben steige und mal nach unten sinke. Steige es aufwärts, erkenne er jenen Mittelpunkt an, von dem er zuvor nichts gewusst habe, sinke es abwärts, sehe er wieder jenen Mittelpunkt, den er bis dahin für den einzigen gehalten habe. Steige das Gemüt aufwärts, so erkenne er auch, dass das Leben aus dem Mittelpunkt stamme, von dem er zuvor nichts gewusst habe, sinke es nach unten, meine er wiederum, die Natur sei aus dem Mittelpunkt hervorgegangen, den er früher für den einzigen gehalten habe, und dass jeder der beiden Mittelpunkte einen Umkreis habe.

Darauf sagten wir, das sei gut, nur möge er auch vom Mittelpunkt und Umkreis des Lebens auf den Mittelpunkt und Umkreis der Natur blicken, nicht aber umgekehrt. Dann belehrten wir ihn, dass am Himmel der Engel eine Sonne scheine, die reine Liebe ist, der äußeren Erscheinung nach feurig wie die Sonne der Welt. Aus ihrer Wärme hätten Engel wie Menschen Willen und Liebe und aus ihrem Licht Verstand und Weisheit. Was dem Leben angehöre, heiße Geistiges, was aus der Sonne der Welt hervorgehe und Leben aufnimmt, heiße Natürliches. Ferner heiße der Umkreis des Lebens-Mittelpunkts die geistige Welt, die durch ihre Sonne besteht, während der Umkreis der Natur als natürliche Welt bezeichnet werde, die ebenfalls durch ihre Sonne besteht. Da sich nun von Liebe und Weisheit weder Raum noch Zeit aussagen lassen, sondern nur Zustände, so sei der Umkreis um die Sonne des Engelhimmels nicht räumlich ausgedehnt. Dennoch sei er aber im räumlich ausgedehnten Umkreis der natürlichen Sonne, und zwar bei den lebendigen Wesen entsprechend ihrer Aufnahme, die von ihren jeweiligen Formen abhänge.

Nun aber fragte er, woher denn das Feuer der irdischen Sonne bzw. der Natur stamme? Wir antworteten: »Von der Sonne des Engelhimmels, die nicht aus Feuer, sondern aus der Göttlichen Liebe besteht, die zunächst von Gott ausgeht, der die Liebe selbst ist.« Weil er sich darüber wunderte, zeigten wir es ihm auf folgende Weise: »Ihrem Wesen nach ist die Liebe ein geistiges Feuer. Darauf beruht auch, dass Feuer im geistigen Sinn des Wortes Liebe bedeutet, und darum beten die Priester im Tempel, himmlisches Feuer möge die Herzen erfüllen und meinen damit die Liebe. Bei den Israeliten bildete das Feuer des Altars und des Leuchters in der Stiftshütte die Göttliche Liebe vor. Auch die Wärme des Blutes bzw. die Lebenswärme bei Mensch und Tier hat keinen anderen Ursprung als die Liebe, die ihr Leben bildet. Darauf beruht auch, dass der Mensch entbrennt, warm wird und entflammt, sobald sich seine Liebe zu Eifer, Zorn und Jähzorn steigert. Aus der Tatsache, dass die geistige Wärme, also die Liebe, beim Menschen natürliche Wärme hervorbringt, Gesicht und Glieder entzündet und entflammt, kann man entnehmen, dass das Feuer der natürlichen Sonne seinen Ursprung im Feuer der geistigen Sonne hat, der Göttlichen Liebe. Nun sagten wir schon, dass der Umkreis aus dem Mittelpunkt entsteht, und nicht umgekehrt, der Mittelpunkt des Lebens aber die Sonne des Engelhimmels ist, die unmittelbar von Gott ausgeht, der in ihrer Mitte ist. Der Umkreis jenes Mittelpunktes ist die geistige Welt, und weil aus ihrer Sonne auch die irdische Sonne samt ihrem Umkreis, der natürlichen Welt, entstanden ist, so ist klar, dass das Weltall von dem einen Gott erschaffen wurde.«

Nach diesen Worten entfernten wir uns. Er aber begleitete uns über den Vorhof seiner Akademie hinaus und sprach mit uns über Himmel und Hölle, sowie über Gottes oberste Leitung, wobei er einen neuen geistigen Scharfblick an den Tag legte.

Eheliche Liebe 415–422

415. Als ich eines Morgens vom Schlaf erwachte, aber noch nicht vollkommen wach war und im heiteren Morgenlicht meine Betrachtungen

anstellte, sah ich durchs Fenster einen Blitz herniederfahren und hörte bald darauf etwas wie einen Donner. Verwundert fragte ich mich, woher das kommen mochte, als ich aus dem Himmel die Worte vernahm: »Nicht weit von dir sind einige Geistwesen in einen scharfen Disput über Gott und die Natur verwickelt. Die Lichtschwingung wie beim Blitz und das Krachen der Luft wie beim Donner sind Entsprechungen des Kampfes und des Zusammenpralls der Beweise, auf der einen Seite für Gott und auf der anderen für die Natur.«

Anlass zu diesem geistigen Kampf war aber folgendes: Einige Satane der Hölle hatten folgendes unter sich besprochen: »Ließe man uns nur mit den Engeln des Himmels reden, wir würden ihnen klar und unwiderleglich beweisen, dass die Natur dasselbe ist, was sie Gott nennen, von dem alles stammen soll, und dass Gott nur ein Wort ist, falls man nicht die Natur darunter versteht.« Und weil diese Satane das auch von ganzem Herzen und ganzer Seele glaubten und wirklich mit den Engeln des Himmels zu sprechen verlangten, wurde ihnen gestattet, aus dem Morast und der Finsternis ihrer Hölle heraufzusteigen und mit zwei Engeln, die zu diesem Zweck aus dem Himmel herabstiegen, zu reden. Die Begegnung fand in der Geisterwelt statt, die zwischen Himmel und Hölle die Mitte bildet.

Sobald die Satane die Engel hier erblickten, stürmten sie herbei und schrien wütend: »Seid ihr die Engel des Himmels, mit denen wir vernünftig über Gott und die Natur streiten dürfen? Weil ihr Gott anerkennt, nennt man euch weise. Wie einfältig seid ihr doch! Denn wer sieht, wer versteht, was Gott ist? Wer begreift, dass Gott das Weltall im Ganzen wie in allen Einzelheiten regiert und regieren kann? Wer außer dem Pöbel und der großen Masse erkennt etwas an, das er weder sieht noch versteht? Nichts ist doch offenkundiger, als dass die Natur alles in allem ist! Wer hat mit seinen Augen je etwas anderes gesehen als die Natur, wer mit seinen Ohren je etwas anderes gehört, wer mit der Nase je etwas anderes gerochen, wer mit der Zunge je etwas anderes geschmeckt, wer mit seiner Hand je etwas anderes berührt als die Natur? Sind nicht die Sinne unseres Körpers die einzigen Zeugen für die Wahrheit? Wer kann nicht auf sie schwören, dass, was sie uns zeigen, wahr ist? Sind nicht auch eure Köpfe in der Natur, und woher käme ein Einfluss in die Gedanken, die eure Köpfe denken, wenn nicht aus der Natur? Beseitigt sie – könntet ihr dann noch etwas denken?« Und sie brachten noch manches dieser Art vor.

Als die Engel das gehört hatten, antworteten sie: »Ihr sprecht so, weil ihr vollkommen sinnlich seid. Wie bei allen in den Höllen sind eure Gedanken ganz und gar ans Sinnliche des Körpers gebunden, und so könnt ihr eure Gemüter nicht darüber erheben. Darum verzeihen wir euch. Das Leben des Bösen und von daher der Glaube an das Falsche hat die inneren Bereiche eures Gemüts derart verschlossen, dass euch eine Erhebung über das Sinnliche unmöglich ist, es sei denn, ihr wäret in einem Zustand, wo ihr vom Bösen des Lebens und Falschen des Glaubens entfernt seid. Denn ein Satan kann ebenso gut das Wahre einsehen, wie ein Engel, sobald er es hört, nur behält er es nicht, weil das Böse das Wahre immer wieder verwischt und erneut das Falsche einführt. Doch wir merken, dass ihr jetzt in einem Zustand der Entfernung vom Bösen seid, ihr also die Wahrheit, die wir aussprechen, einsehen könnt. Darum gebt acht auf das, was wir sagen.«

Und nun sprachen die Engel: »Ihr wart einst in der natürlichen Welt und seid dort gestorben. Jetzt aber seid ihr in der geistigen Welt. Habt ihr, bevor ihr hierher kamt, etwas vom Leben nach dem Tode gewusst? Habt ihr es nicht im Gegenteil geleugnet und euch den Tieren gleich gestellt? Habt ihr vorher etwas von Himmel und Hölle gewusst oder von Licht und Wärme dieser Welt? Oder davon, dass ihr in dieser Welt nicht mehr innerhalb, sondern oberhalb der Natur seid; denn diese Welt ist mit allem, was zu ihr gehört, geistig. Das Geistige aber steht über dem Natürlichen, daher kann nicht das Geringste aus der Natur in diese Welt eindringen. Weil ihr aber geglaubt habt, die Natur sei Gott oder Göttin, so glaubt ihr nun, Licht und Wärme dieser Welt seien identisch mit Licht und Wärme der natürlichen Welt, aber daran ist kein Fünkchen Wahrheit. Denn das natürliche Licht ist hier Finsternis und die natürliche Wärme Kälte. Habt ihr etwas von der Sonne dieser Welt gewusst, aus der unser Licht und unsere Wärme hervorgehen? Habt ihr gewusst, dass unsere Sonne lautere Liebe, die Sonne der natürlichen Welt hingegen reines Feuer ist und dass eben darum aus ihr die Natur entstanden ist und besteht, während aus der himmlischen Sonne, die lautere Liebe ist, das Leben selbst – und das Leben ist Liebe, verbunden mit Weisheit – entstanden ist und besteht? Mit anderen Worten: Die Natur, die ihr zu Gott oder zur Göttin macht, ist an sich ganz und gar tot. Wenn euch eine Schutzwache zugeteilt wird, könnt ihr mit uns in den Himmel aufsteigen, und mit einer Schutzwache können wir mit euch zur Hölle hinabsteigen; dann werdet ihr im Himmel die prächtigsten Dinge sehen, in der Hölle aber nur Schmutz und Unrat. Dieser Unterschied ergibt sich daraus, dass alle Himmelsbewohner Gott verehren, alle Höllenbewohner aber die Natur. Die prächtigen und glanzvollen Dinge in den Himmeln sind Entsprechungen der Neigungen zum Guten und Wahren, die schmutzigen und unreinen Dinge in den Höllen hingegen entsprechen den Begierden des Bösen und Falschen. Nun zieht aus alledem den Schluss, ob Gott alles in allem ist oder die Natur.«

Hierauf entgegneten die Satane: »In unserem jetzigen Zustand können wir aus dem Gehörten erkennen, dass Gott ist. Wenn aber der Lustreiz des Bösen unsere Gemüter beherrscht, sehen wir nur die Natur.« Da jene beiden Engel und zwei Satane unweit von mir auf der rechten Seite standen, konnte ich sie sehen und hören. Und siehe, um sie herum erschienen mir zahlreiche Geister, die in der natürlichen Welt dank ihrer Gelehrsamkeit und Bildung berühmt gewesen waren. Zu meiner Verwunderung sah ich sie mal bei den Engeln, mal bei den Satanen stehen und immer denen Beifall spenden, bei denen sie gerade standen. Man sagte mir aber, die Veränderungen ihrer Stellung seien Zustandsveränderungen ihres Gemüts, das mal der einen, mal der anderen Partei beistimme. Sie seien, sprachen die Engel, wie Vertumne, jene römischen Gottheiten des Wandels. »Wir vertrauen dir aber ein Geheimnis an: Wir haben auf die berühmten Gelehrten der Erde herabgeschaut, die dank ihres Urteilsvermögens über Gott und Natur nachgedacht hatten, und fanden, dass sechshundert von tausend sich für die Natur, die übrigen für Gott entschieden hatten. Diese aber entschieden sich nicht vom Verstand aus, sondern oft einfach aufgrund dessen, was sie gerade gehört hatten. Häufiges Reden aus dem Gedächtnis und nicht zugleich aus Denken und Einsicht bringt nämlich auch etwas wie Glauben hervor.«

Nun wurde den Satanen eine Wache zugeteilt, und sie stiegen mit den beiden Engeln in den Himmel hinauf, wo sie die prächtigsten Dinge sahen. Sie erkannten, erleuchtet vom dortigen Himmelslicht, Gott an und dass die Natur dazu geschaffen wurde, dem Leben zu dienen, das in und von Gott ist. Ebenso erkannten sie an, dass die Natur an sich tot ist, folglich nichts von sich bewirkt, sondern vom Leben angetrieben wird. Als sie das gesehen und wahrgenommen hatten, stiegen sie wieder herab, und damit überkam sie wieder die Liebe zum Bösen, die ihren Verstand nach oben verschloss und nach unten öffnete. Nun erschien über ihnen etwas wie eine in höllischem Feuer funkelnde Decke. Und sobald ihre Füße den Boden der Geisterwelt wieder berührten, öffnete er sich unter ihnen, und sie fielen wieder zu den Ihrigen zurück.

416. Danach sagten die beiden Engel, die mich in der Nähe erblickten, zu den Umstehenden: »Wir wissen, dass dieser Mann über das Verhältnis von Gott und Natur geschrieben hat. Lasst uns hören, was er uns zu sagen hat!« Sie traten an mich heran und äußerten den Wunsch, ihnen vorzulesen, was ich über dieses Thema geschrieben hätte.

Ich las das Folgende: Wer an ein göttliches Wirken im einzelnen der Natur glaubt, kann sich aus vielem, was er dort erblickt, noch mehr in seinem Glauben an ein göttliches Wirken bestärken als jene, die darauf ihren Glauben an die Alleinwirksamkeit der Natur gründen. Wer sich für das Göttliche Wirken in der Natur entscheidet, richtet sein Augenmerk auf all die Wunder, die sowohl im Pflanzen- als auch im Tierreich zu beobachten sind. Im Pflanzenreich: Da sieht er, wie aus einem in die Erde geworfenen

Samenkörnchen ein Würzelchen hervorkeimt, dann mithilfe der Wurzel zuerst ein Stengel, nach und nach Zweige, Blätter, Blüten und Früchte entstehen, bis hin zu neuem Samen – als wisse der Same die genaue Reihenfolge oder den Verlauf, in dem er sich erneuern soll. Welcher vernünftige Mensch könnte denken, dass die Sonne, die doch nur ein Feuerball ist, das wisse bzw. dass sie durch ihre Wärme oder ihr Licht so etwas zu bewirken vermöchte? Oder dass sie so Erstaunliches in ihnen bilden und damit einen nützlichen Zweck verbinden könne? Ein Mensch höherer Vernunft kann bei der Betrachtung dieser Dinge nur denken, dass sie von dem kommen, der unendliche Weisheit hat, also von Gott. Wer das Göttliche anerkennt, sieht und denkt dies auch. Anders Menschen, die das Göttliche nicht anerkennen: Sie sehen und bedenken all das nicht, einfach weil sie es nicht wollen. Darum lassen sie ihre Vernunft ins Sinnliche versinken, das alle seine Vorstellungen aus dem natürlichen Licht gewinnt, in dem die leiblichen Sinne sind und das ihre Täuschungen begründet, indem es ihnen einredet: Siehst du denn nicht, dass das alles von der Sonne durch ihre Wärme und ihr Licht bewirkt wird? Und was du nicht siehst, was ist es? Ist es überhaupt etwas?

Wer sich für das Göttliche Wirken in der Natur entschieden hat, achtet auch auf die Wunder, die im Tierreich zu beobachten sind. Ich möchte hier nur die Vogeleier erwähnen. In ihnen liegt im Samen oder Keim das Junge mit allen Erfordernissen – auch für sein Wachstum nach dem Ausschlüpfen – verborgen, bis es zum Vogel oder Flügeltier wie sein Erzeuger wird. Achtet man aber besonders auf die Form als solche, so kann der Tieferdenkende nur staunen, z.B. darüber, dass sich in den kleinsten wie in den größten, in den unsichtbaren wie den sichtbaren, in den winzigsten Insekten ebenso wie in Vögeln und Säugetieren, Sinnesorgane finden: Organe für das Sehen, den Geruch, den Geschmack und das Tastgefühl, wie auch Bewegungsorgane, d.h. Muskeln zum Fliegen bzw. Schreiten, Eingeweide rings um Herz und Lunge, die von den Gehirnen zur Tätigkeit angeregt werden. Zergliedert man sie, wie von einigen Forschern durchgeführt, besitzen das alles selbst die unbedeutendsten Insekten. Hier ist namentlich Swammerdam mit seiner ›Bibel der Natur‹ zu erwähnen. Menschen hingegen, die alles der Natur zuschreiben, sehen diese Dinge zwar auch, begnügen sich aber mit der Feststellung, dass sie vorhanden sind und erklären, die Natur habe sie hervorgebracht, weil sich ihr Gemüt dem Denken an Gott entfremdet hat. Ist das einmal der Fall, können sie über die Wunder der Natur nicht mehr vernünftig, geschweige denn geistig denken, sondern nur noch sinnlich und materiell. Ihre Gedanken bewegen sich dann in der Natur aus der Natur und kommen nicht über sie hinaus – genau wie die der Höllenbewohner. Von den Tieren unterscheiden sie sich dadurch, dass sie Vernunft haben, d.h. verstehen und damit auch anders denken könnten, wenn sie nur wollten. Menschen, deren Gedanken sich dem Göttlichen entfremdet haben und dadurch sinnlich geworden sind, bedenken beim Betrachten der Wunder in der Natur nicht, dass die Sehkraft des Auges derart stumpf ist, dass es viele der kleinsten Insekten zusammen nur wie einen undeutlichen Punkt zu sehen vermag, obgleich doch jedes von ihnen so organisiert ist, dass es empfinden und sich bewegen kann, folglich mit Fibern und Gefäßen, mit winzigen Herzen, Luftröhren, Eingeweiden und Gehirnen ausgestattet ist, wobei alle diese Organe aus den reinsten Stoffen der Natur zusammengefügt sind. Und diese Gewebe entsprechen irgendeiner Art von Leben, das deren kleinste Teilchen unterschiedlich in Tätigkeit setzt. Wenn nun die Sehkraft des Auges derart stumpf ist, dass ihm viele dieser Tierchen zusammen nur wie ein einziger undeutlicher Punkt vorkommen und die sinnlichen Menschen von diesem Sehen her denken und urteilen, so ist deutlich, wie stumpf ihr Gemüt ist und in welcher Finsternis sie in bezug auf geistige Dinge sein müssen.

417. Jeder, der nur will, kann in den sichtbaren Dingen der Natur Beweise für das Göttliche finden, und wer vom Leben aus an Gott denkt findet sie auch – etwa wenn er an die Vögel unter dem Himmel denkt: Jede Art kennt ihre Nahrung und weiß sie zu finden, erkennt am Ton und Aussehen ihre Genossen und unter den andersartigen ihre Freunde und Feinde. Wenn er ferner daran denkt, dass die Vögel Ehen eingehen, die Art ihrer Begattung kennen, kunstvolle Nester bauen, Eier hineinlegen, über ihnen brüten, die Brutzeit wissen, an deren Ende die Jungen ausschlüpfen, die sie aufs zärtlichste lieben, unter ihren Flügeln wärmen und füttern, bis sie selbständig werden, um ein Gleiches tun und selber eine Familie zur weiteren Fortpflanzung ihrer Gattung gründen zu können. Jeder, der über den göttlichen Einfluss durch die geistige Welt in die natürliche nachdenken will, kann ihn in diesen Dingen erkennen. Ist er dazu bereit, sagt er in seinem Herzen: Solche Kenntnisse können unmöglich durch die Strahlen der Sonne in die Vögel einfließen, ist doch die Sonne, als Ursprung und Wesen der Natur, nur ein Feuer, dessen Strahlen daher an sich vollkommen leblos sind. So könnte jeder zum Schluss kommen, dass derartige Kenntnisse allein auf dem Einfluss der göttlichen Weisheit ins Letzte der Natur beruhen können.

418. Jeder kann sich aus den sichtbaren Dingen der Natur in seinem Glauben an das Göttliche bestärken, wenn er die Raupen betrachtet, die durch den Reiz eines bestimmten Triebs nach der Umwandlung ihres erdgebundenen Zustands in einen anderen streben, der dem himmlischen Zustand ähnelt. Zu diesem Zweck verkriechen sie sich wie in einen Mutterleib, um darin wiedergeboren und zu Puppen, Goldpuppen, Nymphen und schließlich zu Schmetterlingen zu werden. Sind sie dann je nach ihrer Art mit

schönen Flügeln ausgestattet, schwingen sie sich in die Lüfte wie in ihren Himmel empor und führen dort wonnige Spiele auf, gehen Ehen ein, legen Eier und sichern sich so ihre Nachkommenschaft; dabei ernähren sie sich aus den Blumen mit süßer, lieblicher Kost. Wer von denen, die sich aus den sichtbaren Dingen der Natur für das Göttliche Wirken in der Natur bestärkt haben, sähe in den Raupen nicht ein Bild des Menschen in seinem irdischen und in den Schmetterlingen ein Bild für seinen himmlischen Zustand? Hat er sich aber für die Natur als Verursacherin aller ähnlichen Vorgänge entschieden, erkennt er zwar diese Dinge, weil er aber von einem himmlischen Zustand des Menschen nichts wissen will, nennt er all das Wirkungen der Natur.

419. Jeder kann sich aus den sichtbaren Erscheinungen der Natur im Glauben an das Göttliche Wirken bestärken, wenn er sein Augenmerk auf das richtet, was über die Bienen bekannt ist. Denn sie verstehen es, aus Kräutern und Blumen Wachs zu sammeln, Honig zu saugen, Waben wie kleine Häuser zu bauen, sie anzulegen in Form einer Stadt mit Gassen, durch die sie ein- und ausgehen. Schon über Entfernungen hin wittern sie Blumen und Kräuter, aus denen sie Wachs für ihr Haus und Honig zur Nahrung sammeln können. Damit beladen, fliegen sie in gerader Richtung wieder zurück zu ihrem Stock. So versorgen sie sich mit Nahrung und Unterschlupf für den kommenden Winter, wie wenn sie davon wüssten und ihn voraussähen. Auch setzen sie eine Königin als Herrin über sich ein, aus der ihre Nachkommenschaft hervorgehen soll. Für sie bauen sie gleichsam einen Hof oberhalb, den sie ringsum mit Schutzwachen versehen. Kommt dann die Zeit des Eierlegens, geht die Königin in Begleitung ihrer Leibwachen von Zelle zu Zelle und legt ihre Eier, die der nachfolgende Haufe mit Wachs überzieht, damit sie nicht von der Luft beschädigt werden. Aus diesen Eiern entsteht der Nachwuchs, und sobald er das nötige Alter erreicht hat, um das gleiche tun zu können, wird er aus dem Stock vertrieben. Der ausgetriebene Schwarm aber sammelt sich und bildet etwas wie einen Ballen, damit sich die Gesellschaft der Jungbienen nicht zerstreut. Dann schwärmt er aus, um einen Platz zu suchen, wo er sich niederlassen kann. Gegen den Herbst zu werden die unnützen Drohnen hinausgeschafft und ihrer Flügel beraubt, damit sie nicht zurückkehren können und den Nahrungsvorrat aufzehren, auf dessen Sammlung sie keine Mühe verwendet haben. Und so gibt es bei den Bienen noch mancherlei, aus dem deutlich wird, dass sie bestehen um des Nutzens willen, den sie dem menschlichen Geschlecht leisten, und infolge eines Einflusses aus der geistigen Welt eine Regierungsform haben wie die irdischen Menschen, ja wie die Engel in den Himmeln. Müsste nicht, wer auch nur über ein wenig gesunde Vernunft verfügt, einsehen, dass derartige Phänomene

bei den Bienen nicht aus der natürlichen Welt stammen können? Denn was hat die Sonne, von der die Natur stammt, mit einer Regierung zu tun, die der himmlischen nachgebildet und ähnlich ist? Diese und ähnliche Erscheinungen bei den unvernünftigen Tieren bestärken den Bekenner und Verehrer der Natur für die Alleinwirksamkeit der Natur, den Bekenner und Verehrer Gottes aber für das Göttliche Wirken in der Natur. Denn der geistige Mensch erblickt darin Geistiges, der natürliche Mensch Natürliches – ein jeder nach seiner Wesensart. Was mich betrifft, so waren mir diese Phänomene von jeher Zeugnisse für den Einfluss des Geistigen ins Natürliche, bzw. der geistigen in die natürliche Welt, somit Zeugnisse für die sich darin auswirkende Göttliche Weisheit. Man überlege sich auch, ob man über irgendeine Regierungsform, über irgendein bürgerliches Gesetz, über irgendeine sittliche Tugend oder geistige Wahrheit richtig zu denken vermöchte ohne den Einfluss des Göttlichen und seiner Weisheit durch die geistige Welt. Ich für mein Teil konnte es nie und kann es nicht, habe ich doch diesen Einfluss in bewusster und deutlich fühlbarer Weise schon seit 25 Jahren unaufhörlich wahrgenommen. Und so bezeuge ich dies aus eigener Erfahrung.

420. Kann sich die Natur Nutzwirkungen zum Ziel setzen und sie in Ordnungen und Formen einrichten? Das vermag nur ein Weiser. Aber das ganze Weltall so zu ordnen und zu gestalten, das vermag allein Gott, dessen Weisheit unendlich ist. Wer außer Ihm könnte alles vorhersehen und vorsehen, was den Menschen zur Nahrung dient: die Nahrung aus den Früchten der Erde und den Tieren, sowie die Kleidung aus ihnen? Zu den Wundern gehört auch, dass die bescheidenen Würmer, die Seidenraupen, dazu dienen, Männer und Frauen, von den Königinnen und Königen bis herab zu Mägden und Knechten mit Seide zu bekleiden und prachtvoll zu schmücken. Ferner, dass derart unscheinbare Insekten wie die Bienen, Wachs zu den Kerzen liefern, die in Tempeln und Palästen erglänzen. Dies alles und vieles andere sind sprechende Beweise dafür, dass der Herr von sich aus durch die geistige Welt alles bewirkt, was sich in der Natur zeigt.

421. Dem ist noch beizufügen, dass mir in der geistigen Welt Wesen erschienen sind, die sich aus den sichtbaren Erscheinungen in der Welt derart für die Alleinwirksamkeit der Natur bestärkt hatten, dass sie zu Gottesleugnern wurden. Im geistigen Licht erschien ihr Verstand nach unten hin geöffnet, nach oben hin aber verschlossen. Ihre Gedanken blickten nämlich nur abwärts zur Erde und nicht aufwärts zum Himmel. Über dem Sinnlichen, dem Untersten des Verstandes, schien bei ihnen etwas wie eine Decke zu liegen. Bei einigen blitzte sie wie von höllischem Feuer, bei einigen war sie schwarz wie Ruß, bei anderen wieder fahl wie eine Leiche. Darum hüte sich ein jeder vor den Bestärkungen für die Wirksamkeit der

Natur, sondern bestärke sich für das Göttliche. Die Mittel dazu stehen reichlich zur Verfügung.

422. Man muss zwar manchen Menschen zugute halten, dass sie einige Erscheinungen der Natur zuschrieben, weil sie nichts von der Sonne der geistigen Welt, wo der Herr ist, und von dem aus ihr hervorgehenden Einfluss wussten, ebenso nichts von jener Welt und ihrer Beschaffenheit, ja nicht einmal etwas von ihrer Gegenwart beim Menschen ahnten. Sie konnten darum nur denken, dass das Geistige bloß etwas reineres Natürliches sei und sich daher die Engel entweder im Äther oder auf den Sternen befänden, und der Teufel entweder das Böse im Menschen sei oder, falls er wirklich existieren sollte, sich in der Luft bzw. in der Tiefe der Erde aufhalte. Von den Seelen der Menschen nach dem Tode konnten sie sich daher nur vorstellen, dass sie entweder im Erdinneren oder sonst irgendwo bis zum Tag des Gerichts aufbewahrt würden – und dergleichen mehr, was sich die Phantasie infolge der Unkenntnis der geistigen Welt und ihrer Sonne ausmalt. Diese Gründe entschuldigen die Menschen, welche glaubten, die Natur bringe infolge einer von der Schöpfung her in sie hineingelegten Kraft die sichtbaren Dinge hervor. Nicht zu entschuldigen aber sind Menschen, die sich durch ihre Begründungen für die Natur zu Atheisten gemacht haben, hätten sie doch die Möglichkeit gehabt, sich für das Göttliche zu entscheiden. Unwissenheit spricht zwar von Schuld frei, hebt aber das Falsche, in dem man sich begründet hat, nicht auf; denn das Falsche hängt zusammen mit dem Bösen, das Böse aber mit der Hölle.

De Commercio Animae et Corporis

DE COMMERCIO ANIMAE ET CORPORIS

QUOD CREDITUR FIERI VEL PER INFLUXUM PHYSICUM, VEL PER INFLUXUM SPIRITUALEM, VEL PER HARMONIAM PRAESTABILITAM

AB EMANUELE SWEDENBORG

1. DE COMMERCIO ANIMAE ET CORPORIS, seu de Operatione unius in alterum, ac unius cum altero, sunt tres Opiniones et Traditiones, quae sunt Hypotheses; Prima vocatur Influxus physicus, Altera Influxus spiritualis, et Tertia Harmonia praestabilita. PRIMA, quae vocatur Influxus physicus, est ex apparentiis sensuum et inde fallaciis, quoniam apparet sicut objecta visus, quae afficiunt oculos, influant in cogitationem, et producant illam; pariter loquelae quae movent aures, sicut influant in mentem, et producant ideas ibi; consimiliter olfactus, gustus, et tactus: quoniam horum Sensuum organa primum recipiunt contactus e Mundo alluentes, et secundum affectiones illorum apparet Mens cogitare et quoque velle, ideo Antiqui Philosophi et Scholastici crediderunt influxum ab illis derivari in animam, et sic concluserunt Hypothesin de Influxu physico seu naturali. ALTERA, quae vocatur INFLUXUS SPIRITUALIS, a quibusdam occasionalis, est ex ordine et ejus legibus; quoniam Anima est substantia spiritualis, et inde purior, prior, et interior, Corpus autem est materiale, et inde crassius, posterius et exterius, et secundum ordinem est, ut purius influat in crassius, prius in posterius, et interius in exterius, ita Spirituale in Materiale, et non vicissim; proinde Mens cogitativa in Visum secundum statum inductum oculis ex objectis, quem statum Mens illa etiam disponit ad nutum; pariter Mens perceptiva in Auditum secundum statum inductum auribus ex loquelis. TERTIA, quae vocatur HARMONIA PRAESTABILITA, est ex apparentiis et fallaciis rationis, quoniam Mens in ipsa operatione una et simul agit cum corpore; at usque omnis operatio est primum successiva et postea simultanea, operatio successiva est Influxus, et operatio simultanea est Har-

monia; quemadmodum cum Mens cogitat et postea loquitur, aut cum vult et postea agit, quare est fallacia rationis stabilire simultaneum et excludere successivum. Praeter has tres Opiniones de Commercio Animae et Corporis non dabilis est quarta, quippe sive operabitur Anima in Corpus, sive Corpus in Aninam, sive utraque continue simul.

2. Quoniam Influxus spiritualis est ex ordine et ejus legibus, ut dictum est, ideo hic a sapientibus in Orbe erudito prae duobus reliquis agnitus et receptus est: omne id quod ex ordine est, Veritas est, ac Veritas se ipsam manifestat ex luce ei insita, etiam in umbra rationis, in qua sunt Hypotheses. Sed sunt tria quae hanc Hypothesin involvunt umbrae, ignorantia quid Anima, ignorantia quid Spirituale, et ignorantia qualis est Influxus, quare haec tria prius evolvenda sunt antequm Ratio videt ipsam Veritatem; nam Veritas hypothetica non est ipsa veritas, sed conjectura veritatis; est sicut pictura in pariete in luce stellarum noctu visa, cui Mens inducit formam variam secundum phantasiam; aliter dum lux solis post auroram illuminat illam, et non modo communia ejus sed etiam singularia ejus detegit et sistit videnda; ita fit ex umbra veritatis, in qua est haec Hypothesis, aperta Veritas, dum cognoscitur quid et quale est Spirituale respective ad naturale, tum quid et qualis est Anima humana, ut et qualis in illam, et per illam in Mentem perceptivam et cogitativam, et ex hac in corpus est influxus. Ast haec a nemine tradi possunt, nisi cui data est a Domino consociatio cum Angelis in Mundo spirituali et simul cum Hominibus in Mundo naturali; et hoc quia mihi datum est, potui describere quid et quale est unum et alterum, quod factum est in Opusculo de AMORE CONJUGIALI, de SPIRITUALI in Memorabili ibi n: 326 ad 329; de ANIMA HUMANA, n: 315, et de Influxu n: 380, et plenius n: 415 ad 422. Quis non scit, aut scire potest, quod Bonum amoris et Verum fidei influant a Deo in hominen, et quod influant in Animam ejus, ac sentiantur in Mente ejus, ac effluant ex cogitatione in loquelas, et ex voluntate in actiones. Quod inde sit influxus spiritualis, ac ejus origo et derivatio, manifestabitur in hoc ordine. I.

Quod duo Mundi sint, Mundus Spiritualis, ubi sunt Spiritus et Angeli, et Mundus naturalis, ubi sunt Homines. II. *Quod Mundus Spiritualis exstiterit et subsistat ex suo Sole, et quod Mundus naturalis ex suo.* III. *Quod Sol Mundi spiritualis sit purus amor a Jehovah Deo, Qui in medio ejus est.* IV. *Quod ex illo Sole procedat Calor et Lux, et quod Calor ex illo procedens in essentia sua sit Amor, et quod Lux inde in essentia sua sit Sapientia.* V. *Quod tam Calor ille quam Lux illa influant in hominem, Calor in ejus Voluntatem et producat ibi bonum amoris, et Lux in ejus Intellectum, et producat verum sapientiae.* VI. *Quod illa duo, calor et lux, seu amor et sapientia, a Deo conjunctim influant in Animam hominis, et per hanc in Mentem, ejus affectiones et cogitationes, et ex his in corporis sensus, loquelas et actiones.* VII. *Quod Sol Mundi naturalis sit purus ignis, et quod per hunc solem exstiterit et subsistat Mundus naturae. VIII. Quod inde omne quod ex hoc sole procedit, in se spectatum sit mortuum.* IX. *Quod Spirituale induat se Naturali, sicut homo se veste.* X. *Quod Spiritualia ita induta in homine faciant ut vivere possit rationalis et moralis, ita spiritualiter naturalis.* XI. *Quod receptio influxus istius sit secundum statum amoris et sapientiae apud hominem.* XII. *Quod Intellectus in homine possit elevari in lucem, hoc est, in sapientiam, in qua sunt Angeli Coeli, secundum excultum rationis, et quod voluntas ejus in calorem, hoc est, in amorem similiter secundum facta vitae; sed quod amor voluntatis non elevetur, nisi quantum homo vult et facit illa, quae sapientia intellectus docet.* XIII. *Quod prorsus aliter apud bestias.* XIV. *Quod tres gradus sint in Mundo spirituali, et tres gradus in Mundo naturali, secundum quos fit omnis influxus.* XV. *Quod fines sint in primo gradu, causae in secundo, et effectus in tertio.* XVI. *Quod ex his pateat, qualis est influxus spiritualis ab origine sua ad effectus. Singula haec nunc paucis illustranda sunt.*

I

Quod duo Mundi sint, Mundus spiritualis ubi sunt Spiritus et Angeli, et Mundus naturalis, ubi sunt Homines.

3. Quod sit Mundus spiritualis, in quo sunt Spiritus et Angeli, distinctus a Mundo naturali in quo sunt homines, hactenus in Orbe etiam Christiano alte latuit; causa est, quia non aliquis Angelus descendit et oretenus docuit, nec aliquis homo ascendit et vidit; ne itaque ex ignorantia illius Mundi, et inde ex ancipite fide de Coelo et Inferno, homo infatuaretur in tantum ut fieret Naturalista atheus, placuit Domino aperire visum spiritus mei, et hunc elevare in Coelum, et quoque demittere in Infernum, et exhibere videndum quale est utrumque. Inde patuit mihi quod duo Mundi sint, et illi inter se distincti, unus in quo omnia spiritualia sunt et inde vocatur Mundus spiritualis, et alter in quo omnia naturalia sunt, et inde vocatur Mundus naturalis, ac quod spiritus et angeli in suo Mundo vivant, ac homines in suo; tum quod unusquisque homo per mortem transmigret e suo in alterum, et in hoc vivat in aeternum. Cognitio de utroque hoc mundo praemittenda est, ut a principio suo detegatur Influxus, de quo hic agitur; influit enim Mundus spiritualis in Mundum Naturalem, et actuat hunc in singulis ejus, tam apud homines quam apud bestias, et quoque facit vegetativum in arboribus et herbis.

II

Quod Mundus Spiritualis exstiterit et subsistat ex Suo Sole, et quod Mundus naturalis ex suo.

4. Quod sit alius Sol Mundi Spiritualis, et alius Mundi naturalis, est quia Mundi illi prorsus distincti sunt, ac Mundus trahit suam originem ex Sole; non enim potest Mundus, in quo omnia spiritualia sunt, oriri ex Sole, ex quo omnia naturalia sunt, nam sic foret Influxus physicus, qui tamen est contra ordinem. Quod Mundus exstiterit ex Sole, et non vicissim, constat ex effectu causae, quod Mundus in omnibus et singulis ejus subsistat per Solem, ac subsistentia demonstrat existeniam, quare dicitur quod subsistentia sit perpetua existentia; ex quo patet, quod si removeretur Sol, caderet Mundus ejus in chaos, et hoc in nihilum. Quod in Mundo spirituali sit alius Sol quam in Mundo na-

turali, possum testari, quia illum vidi; apparet igneus sicut noster Sol, paene simili magnitudine, distat ab Angelis sicut noster Sol ab hominibus; at non oritur nec occidit, sed stat immotus in media altitudine inter zenith et horizontem, inde est Angelis perpetua lux, et perpetuum ver. Homo rationis, qui non aliquid novit de Sole Mundi Spiritualis, facile delirat in sua idea de Creatione Universi, quam, cum profunde volvit, non aliter percepit, quam quod sit ex natura, et quia origo naturae est Sol, quam quod sit ex Sole ejus ut Creatore. Insupur non potest aliquis percipere Influxum spiritualem, nisi etiam sciat originem ejus, omnis enim Influxus est ex Sole, Influxus Spiritualis ex suo, et Influxis naturalis ex suo; Internus visus hominis, qui est Mentis ejus, influxum recipit ex Sole spirituali, Externus autem Visus, qui est corporis, influxum recipit ex Sole naturali, et in Operatione se conjungunt, similiter ut Anima cum Corpore. Ex his patet, in quam caecitatem, caliginem, et fatuitatem incidere possunt illi qui nihil sciunt de Mundo Spirituali, et ejus Sole; in *Caecitatem,* quia Mens ex solo visu oculi pendens, in ratiociniis fit similis vespertilioni, quae vage et modo ad appensa lintea noctu volat: in *Caliginem,* quia visus mentis, dum in illum ab interiori influit visus oculi, orbatur omni spirituali lumine, et fit similis noctuae; in *Fatuitatem,* quia nihilominus homo cogitat, sed ex naturalibus de spiritualibus, et non vicissim, ita amenter, stulte, et fatue.

III

Quod Sol Mundi Spiritualis sit purus Amor, a Jehovah Deo, Qui in medio ejus est.

5. Spiritualia non possunt aliunde procedere, quam ex Amore, et Amor non aliunde quam ex Jehovah Deo, Qui est Ipse Amor, quare Sol Mundi Spiritualis, ex quo omnia Spiritualia, ut a suo fonte, scaturiunt, est purus Amor a Jehovah Deo, Qui in medio ejus est, procedens: ipse ille Sol non est Deus, sed est a Deo, est proxima Sphaera circum Illum ab Illo. Per hunc Solem a Jehovah

Deo creatum est Universum, per quod intelliguntur in complexu omnes Mundi, qui totidem sunt, quot in Expanso nostri Coeli sunt Stellae. Quod Creatio per illum Solem, qui est pururs Amor, facta sit, ita a Jehovah Deo, est quia Amor est ipsum Esse vitae, et Sapientia est Existere vitae inde, et ex Amore per Sapientiam omnia creata sunt; hoc intelligitur per haec apud Johannem; *Verbum erat apud Deum et Deus erat Verbum, omnia per Ipsum facta sunt, et absque Ipso factum est nihil quod factum est; et Mundus per Ipsum factum est,* I: 1. 3. 10; Verbum ibi est Divinum Verum, ita quoque Divina Sapientia; quare etiam Verbum ibi vocatur Lux, quae illuminat omnem hominem, Vers: 9, similiter ut facit Divina Sapientia per Divinum Verum. Illi qui aliunde deducunt ortum Mundorum, quam ex Divino Amore per Divinam Sapientiam, hallucinantur sicut cerebrosi, qui vident larvas ut homines, phantasmata ut luces, ac entia rationes ut effigies reales; est enim universum creatum cohaerens Opus ex Amore per Sapientiam; visurus es hoc si potis es lustrare nexus in ordine a primis ad ultima. Quemadmodum Deus est unus, ita quoque Sol spiritualis est unus, nam de spiritualibus, quae sunt ejus derivationes, non praedicabilis est extensio spatii, et Essentia et Existentia absque spatio est ubivis in spatiis absque spatio, ita Divinus Amor a principio Universi ad omnes fines ejus; quod Divinum impleat omnia, et per impletionem in statu creato conservet omnia, ratio videt e longinquo, et in propinquo quantum cognoscit Amorem qualis in se est, ejus conjunctionem cum Sapientia, ut percipiantur fines, ejus influxum in sapientiam, ut sistantur causae, et ejus operationem per sapientiam, ut producantur effectus.

IV

Quod ex illo Sole procedat Calor et Lux, at quod Calor ex illo procedens in essentia sua sit amor, et quod Lux inde in essentia sua sit sapientia.

6. Notum est, quod in Verbo, et inde in communi Praedicatorum sermone, Divinus Amor exprimatur per Ignem, ut quod Ignis

coelestis impleat corda, et accendat sancta desideria ad colendum Deum; causa est, quia Ignis correspondet amori, et inde significat eum; ex eo est quod Jehovah Deus visus sit ut Ignis in rubo coram Mose, similiter super Monte Sinai coram Filiis Israëlis, et quod mandatum sit, quod Ignis perpetuo custodiretur super Altari, et quod quavis vespera accenderentur lucernae Candelabri in Tabernaculo; hoc erat, quia ignis significabat amorem. Quod sit Calor ex illo igne, patet manifeste ex amoris effectibus, quod homo incendatur, incalescat, et inflammetur, sicut amor ejus exaltatur in zelum, aut in excandescantiam irae; Calor sanguinis, seu Calor vitalis hominum, et in genere Animalium, non aliunde est quam ex Amore, qui facit vitam illorum: Ignis infernalis nec aliud est quam Amor oppositus amori Coelesti: inde nunc est, quod Amor Divinus appareat Angelis ut Sol in Mundo illorum, igneus, ut noster Sol, ut supra dictum est, et quod Angeli in calore sint secundum receptionem Amoris a Jehovah Deo per illum Solem. Quod Lux ibi in sua essentia sit Sapientia, inde fluit, sunt enim Amor et Sapientia individui, sicut Esse et Existere, Amor enim per Sapientiam, et secundum illam existit; hoc simile est sicut in Mundo nostro, quod Calor tempore veris, uniat se cum Luce, et producat germinationes et tandem fructificationes: praeterea quisque scit, quod Calor spiritualis sit Amor, et Lux spiritualis sit sapientia; calet enim homo sicut amat, ac intellectus ejus in luce est sicut sapit. Lucem illam spiritualem saepius vidi, excedit lucem naturalem candore et quoque splendore in immensum, est enim sicut ipse candor et ipse splendor in se, apparet ut splendens et fulgurans nix, qualia visa sunt vestimenta Domini cum transformatus est, Marc: IX: 3. Luc: IX: 29: quoniam Lux est Sapientia, ideo Dominus se vocat Lucem, quae illuminat omnem hominem, Joh: I: 9, et alibi, quod sit ipsa Lux, Joh: III: 19. Cap: VIII: 12. Cap: XII: 35. 36. 46, hoc est, quod sit ipsum Divinum Verum, quod est Verbum, ita ipsa Sapientia. Creditur quod Lumen naturale, quod etiam est rationale, sit ex luce nostri Mundi, sed est ex luce Solis Mundi spiritualis, nam visus mentis influit in visum oculi, ita quoque luces, et non vicissim; si vicissim, foret influxus physicus, et non influxus spiritualis.

V

Quod tam Calor ille, quam Lux illa influant in hominem, Calor in ejus voluntatem, et producat ibi bonum amoris, et Lux in ejus intellectum, et producut ibi verum sapientiae.

7. Notum est quod universaliter omnia se referant ad Bonum et Verum, et quod non detur singulare ens in quo non relativum ad illa duo est; inde est quod in homine sint duo Receptacula vitae, unum quod est receptaculum Boni, quod vocatur Voluntas, alterum quod est receptaculum Veri, quod vocatur Intellectus; et quia Bonum est Amoris, et Verum est Sapientiae, est Voluntas receptaculum amoris, ac Intellectus receptaculum sapientiae. Quod bonum sit amoris, est quia homo quod amat, hoc velit, et cum operatur illud appellet bonum; et quod Verum sit sapientiae, est quia omnis sapientia est ex veris, imo bonum quod sapiens cogitat, est verum, et hoc fit bonum, cum vult et facit illud. Qui non rite distinguit inter bina illa Receptacula vitae, quae sunt Voluntas et Intellectus, et claram notionem sibi format de illis, frustra satagit cognoscere Influxum spiritualem, nam Influxus est in Voluntatem, et Influxus est in Intellectum, in Voluntatem hominis est Influxus boni amoris, et in Intellectum ejus est Influxus veri sapientiae, uterque a Jehovah Deo immediate per Solem in cujus medio est, et mediate per Coelum Angelicum. Bina illa Receptacula, Voluntas et Inellectus, tam distincta sunt, sicut sunt Calor et Lux, nam Voluntas recipit calorem coeli, qui in essentia sua est amor, ac Intellectus recipit lucem coeli, quae in essentia sua est sapientia, ut supra dictum est. Datur Influxus e Mente humana in loquelas, et datur in actiones, Influxus in loquelas, fit ex Voluntate per Intellectum, Influxus autem in actiones, fit ex Intellectu per Voluntatem: illi qui modo Influxum in intellectum, et non simul in voluntatem norunt, et ex illo ratiocinantur et concludunt, sunt sicut monoculi, qui modo vident

objecta unius lateris, et non simul alterius; ac sicut manci, qui modo una manu contortim operantur; ac sicut claudi, qui super uno pede cum baculo subsultim ambulant. Ex his paucis explanatum est, quod Calor spiritualis influat in voluntatem hominis, et producat bonum amoris, et quod Lux spiritualis influat in intellectum ejus, et producat verum sapientiae.

VI

Quod illa duo, viz. Calor et Lux, seu Amor et Sapientia, a Deo conjunctim influant in Animam Hominis, et per hanc in Mentem, ejus affectiones et cogitationes, et ex his in corporis sensus, loquelas et actiones.

8. Influxus spiritualis hactenus a limatis ingeniis traditus est ab anima in corpus, et non aliquis Influxus in Animam, et per illam in Corpus, tametsi notum est, quod omne bonum amoris et omne verum fidei influant a Deo in hominem, et nihil eorum ab homine, et illa quae influunt a Deo, influunt proxime in Animam ejus, et per Animam in Mentem rationalem, et per hanc in illa quae faciunt corpus; si quis aliter indagat Influxum Spiritualem, est sicut qui obturat venam fontis, et usque ibi quaerit perennes aquas; aut qui deducit ortum arboris ex radice et non ex semine; aut qui lustrat principiata absque principio. Anima enim non est vita in se, sed est recipiens vitae a Deo, Qui est Vita in se, et omnis Influxus est vitae, ita a Deo; id intelligitur per hoc, *Jehovah Deus inspiravit in nares hominis animam vitarum, et factus est homo in animam viventem*, Gen: II: 7; inspirare in nares animam vitarum, significat indere perceptionem boni et veri; et quoque Dominus dicit de se, *Quemadmodum Pater habet vitam in seipso, ita dedit etiam Filio vitam habere in seipso*, Joh: V: 26; vita in seipso est Deus; et vita animae est vita a Deo influens. Nunc quia omnis Influxus est vitae, et haec operatur per sua receptacula, ac intimum seu primum receptaculorum in homine est ejus Anima, ideo ut rite percipiatur Influxus, exordiendum est a Deo, et non a statione media; si ab hac, foret doctrina Influxus sicut currus absque rotis, aut sicut navis absque velis. Quoniam

ita est, ideo in praemissis actum est de Sole Mundi Spiritualis in cujus medio est Jehovah Deus, n: 5; et de Influxu amoris et sapientiae, ita vitae, inde, n: 6. 7. Quod per Animam influat Vita a Deo in hominem, et per hanc in ejus Mentem, h. e., in hujus affectiones et cogitationes, et ex his in corporis sensus, loquelas et actiones, est quia illa sunt vitae in ordine successivo; Mens enim est subordinata animae, et Corpus subordinatum menti, ac Menti sunt binae Vitae, una voluntatis et altera intellectus, Vita voluntatis ejus est bonum amoris, cujus derivationes vocantur affectiones, ac Vita intellectus ibi est verum sapientiae, cujus derivationes vocantur cogitationes, per has et illas vivit mens; Vita autem corporis sunt sensus, loquela et actiones; quod haec sint ab anima per mentem, consequitur ex ordine in quo sunt, et ex hoc se manifestant coram sapiente absque scrutinio. Anima humana, quia est substantia superior Spiritualis, recipit influxum immediate a Deo, Mens autem humana, quia est substantia inferior spiritualis, recipit influxum a Deo mediate per Mundum Spiritualem, et Corpus quia est ex substantiis naturae, quae vocantur materiae, recipit influxum a Deo, mediate per Mundum naturalem. Quod Bonum amoris et Verum sapientiae, conjunctim, h. e., unita in unum, a Deo influant in animam hominis, sed quod in progressione dividantur ab homine, ac conjungantur duntaxat apud illos, qui a Deo se patiuntur duci, in sequentibus videbitur.

VII

Quod Sol mundi naturalis sit purus ignis, et quod per hunc Solem exstiterit et subsistat Mundus naturae.

9. Quod Natura et ejus Mundus, per quae intelliguntur Atmosphaerae, ac Tellures quae vocantur Planetae, inter quas est Orbis Terraqueus super quo nos habitamus, et quoque omnia et singula, quae superficiem ejus quotannis adornant; et quod haec et illa unice subsistant ex Sole, qui facit Centrum illorum, ac per radios lucis suae, et per temperies caloris sui ubivis praesens

est, quisque ex autopsia, notione sensuum, et ex scriptis de inhabitatione ejus pro certo scit; et quoniam perpetua subsistentia inde est, pro certo etiam concludere potest ratio, quod existentia etiam inde sit, nam perpetuo subsistere est perpetuo existere sicut exstitit. Ex his sequitur, quod Mundus naturalis per hunc Solem a Jehovah Deo secundario creatus sit. Quod sint Spiritualia, et quod sint Naturalia inter se prorsus distincta, et quod origo et sustentatio Spiritualium sit a Sole, qui est purus Amor, in cujus medio est Creator et Stator universi Jehovah Deus, hactenus demonstratum est; quod autem origo et sustentatio naturalium sit Sol qui est purus Ignis, et quod hic sit ex illo, ac uterque a Deo, sequitur ex se, ut sequitur posterius a priori, ac prius a Primo. Quod Sol naturae et ejus mundorum sit purus ignis, omnes effectus ejus commonstrant, ut concentratio radiorum ejus in focum arte optica, ex qua prodit ignis in vehementia urens et quoque flamma; natura caloris ejus similis calori ex igne elementari; graduatio istius caloris secundum incidentiam, unde Climata, et quoque quatuor Tempora anni, praeter plura, ex quibus ratio per sui corporis sensus confirmare potest, quod Sol mundi naturalis sit merus ignis, et quoque quod sit ignis in ipsa sua puritate. Illi qui nihil sciunt de Origine Spiritualium ex suo Sole, sed solum de Origine naturalium ex suo, vix possunt aliter quam confundere spiritualia et naturalia, et per fallacias sensuum et inde rationis concludere, quod Spiritualia non sint nisi quam pura naturalia, et quod ex horum activitate excitata per lucem et calorem exsurgat sapientia et amor; illi quia non vident aliud oculis, nec percipiunt aliud naribus, neque respirant aliud pectore, quam naturam, ideo eidem adscribunt omnia etiam rationalia, ac sic insorbent naturalismum sicut spongia aquas; sed hi comparari possunt cum aurigis, qui quadrijuges equos alligant post currum et non ante illum; aliter illi, qui distinguunt inter spiritualia et naturalia, et haec deducunt ex illis; hi etiam percipiunt Influxum animae in corpus, quod sit spiritualis, et quod naturalia, quae sunt corporis, inserviant animae pro vehiculis et mediis, ut in Mundo naturali producat suos effectus: si aliter concludis, assimilari potes cancro, qui vadit promovendo gradus per caudam, et trahit oculos retro secundum gressum; ac tuus visus rationalis comparari potest cum visu oculorum Argi in occipitio, sopitis illis in frontispicio; hi etiam se credunt Argos cum ratiocinantur, dicunt enim, quis non videt ortum universi ex natura, et quid tunc Deus nisi intimum extensum naturae, et similia irrationalia, ex quibus gloriantur plus quam sapientes ex rationalibus.

VIII

Quod inde omne quod ex hoc Sole procedit, in se spetatum sit mortuum.

10. Quis non ex ratione intellectus, si hic paulum elevatur supra sensualia corporis, videt, quod Amor in se spectatus sit vivus, et quod apparentia ignis ejus sit vita, et vicissim quod ignis elementaris in se spectatus, respective sit mortuus; consequenter quod Sol mundi spiritualis, quia est purus Amor, sit vivus, et quod Sol Mundi naturalis, quia est purus ignis, sit mortuus; similiter omnia quae procedunt et existunt ex illis. Sunt duo, quae efficiunt omnes effectus in Universo, VITA et NATURA, et efficiunt illos secundum ordinem, dum Vita ab interiori actuat naturam: aliter dum Natura ab interiori adducit vitam ad agendum, quod fit apud illos, qui ponunt naturam quae in se est mortua, supra et intra vitam, et inde unice litant voluptatibus sensuum et concupiscentiis carnis, et nihili pendunt spiritualia animae et vere rationalia mentis; hi propter inversionem illam sunt qui vocantur MORTUI; tales sunt omnes Naturalistae athei in Mundo, et omnes Satanae in Inferno; nuncupantur etiam Mortui in Verbo, ut apud Davidem *Adhaeserunt Baalpeori, et comederunt sacrificia* MORTUORUM, Psalm: CVI: 28. *Persequitur hostis animam meam, sedere me facit in tenebris sicut* MORTUOS *mundi*, Psalm: CXLIII: 3. *Ad audiendum gemitum vincti, et ad aperiendum* FILIIS MORTIS, Psalm: CII: 21. et in Apocalypsi *Novi opera tua quod nomen habeas quod vivas, sed* MORTUUS *es; esto vigilans et stabili*

reliqua quae MORIBUNDA *sunt,* III: 1. 2; dicuntur Mortui, quia Mors spiritualis est damnatio, et damnatio est illis, qui credunt Vitam esse ex natura, et sic lucem hujus esse lucem vitae, et per id abscondunt, suffocant, et exstinguunt omnem ideam de Deo, deque Coelo, et de Vita aeterna; hi inde sunt sicut Noctuae, quae vident lucem in tenebris et tenebras in luce, hoc est, falsa ut vera, ac mala ut bona; et quia jucunda mali illis sunt jucunda cordis, non dissimiles sunt illis Avibus et Bestiis, quae vescuntur corporibus mortuorem ut cupediis, ac sentiunt foetores ex sepulchris ut balsama. Hi quoque non vident alium Influxum quam physicum seu naturalem; si usque affirmant Influxum spiritualem, fit hoc non ex aliqua idea ejus, sed ex ore Praeceptoris.

IX

Quod Spirituale induat se naturali, sicut homo se veste.

11. Notum est, quod in omni operatione sit activum et passivum, et quod ex solo activo nihil existat, nec aliquid ex solo passivo; simile est cum spirituali et naturali, spirituale quia est vis viva est activum, ac naturale quia est vis mortua est passivum; inde sequitur, quod quicquid in hoc Mundo solari a principio exstitit, et dein omni momento existit, sit ex spirituali per naturale, et hoc non modo in subjectis Regni animalis, sed etiam in subjectis Regni vegetabilis. Notum etiam est ejus simile, quod in omni quod efficitur sit principale et instrumentale, et quod haec duo, dum aliquid fit, appareant ut unum, tametsi distincte duo sunt; quare inter canones sapientiae etiam hoc est, quod causa principalis et causa instrumentalis faciant simul unam causam; ita quoque spirituale et naturale; quod haec duo in efficiendis appareant ut unum, est quia spirituale est intra naturale sicut fibra intra musculum, et sanguis intra arterias, aut sicut cogitatio intus in loquelis, et affectio in sonis, ac facit se sentiri per naturale ex his; sed adhuc, sicut per transennam, patet, quod spirituale se induat naturali, sicut homo se veste. Corpus organicum,

quo Anima se induerat, assimilatur hic vesti, quia hanc illud investit, et quoque Anima se illo exuit, et illud a se projicit sicut exuvias, cum per mortem a naturali Mundo emigrat in suum spiritualem; veterarcit etiam corpus sicut vestis, non autem anima, quia haec est substantia spiritualis, quae nihil commune habet cum naturae mutationibus, quae progrediuntur ab exordiis ad fines, ac periodice terminantur. Illi qui non considerant Corpus ut vestimentum seu indumentum animae, quod in se est mortuum, et modo adaptatum recipiendis viribus vivis influentibus per Animam ex Deo, non possunt aliter quam ex fallaciis concludere, quod Anima per se vivat et Corpus per se, et quod inter utriusque vitam sit HARMONIA PRAESTABILITA; aut etiam quod vita animae influat in vitam corporis, aut vita corporis in vitam animae, et sic concipiunt INFLUXUM aut SPIRITUALEM aut NATURALEM; cum tamen veritas ex omni quod creatum est contestata est, quod posterius non agat ex se sed ex priori a quo, ita nec hoc ex se sed ex adhuc priori, et quod sic non aliquid nisi a Primo, qui agit ex se, ita a Deo: praeterea Vita est unica, et haec non creabilis est, sed summopere influxibilis in formas organice adaptatas ad receptionem; tales formae sunt omnia et singula in Universo creato. Creditur a multis, quod Anima sit vita, et quod sic homo, quia vivit ex anima vivat ex sua vita, ita ex se, proinde non per Influxum vitae a Deo, sed hi non possunt aliter quam complicare quendam nodum gordium ex fallaciis, et omnia judicia mentis suae eidem intricare, unde mera insania in spiritualibus, aut struere labyrinthum, e quo mens nusquam per aliqua rationis fila potest remetiri viam et se educere; actualiter etiam se demittunt sicut in cavernas sub terra, ubi in aeternis tenebris degunt; nam fallaciae inde prodeunt innumerabiles, et singulae horrendae, ut quod Deus se transfuderit et transscripserit in homines, et quod inde unusquisque homo sit aliquod Numen, quod vivit ex se, et sic quod bonum faciat et sapiat ex se; similiter quod fidem et charitatem possideat in se, et sic depromat illa a se, et non a Deo, praeter plura enormia, qualia sunt apud illos in inferno, qui, dum in Mundo erant, crediderunt naturam vivere, aut activitate sua producere vitam; hi dum spectant ad Coelum, vident lucem ejus ut meram caliginem. Quondam audivi vocem e Coelo dicentis, quod si foret scintilla vitae in homine ejus, et non Dei in illo, non foret Coelum, nec aliquid ibi, et inde quod non foret aliqua Ecclesia in terris, et inde non Vita aeterna. Consulantur plura de hac re in MEMORABILI inserto Operi de AMORE CONIUGIALI, n: 132 ad 136.

X

Quod Spiritualia ita induta in homine faciant, ut vivere possit rationalis et moralis, ita spiritualiter naturalis.

12. Ex principio supra stabilito, quod anima induat se corpore sicut homo se veste, sequitur hoc ut conclusum; influit enim Anima in Mentem humanam, et per hanc in Corpus, et secum fert vitam, quam continue recipit a Domino, et transfert illam sic mediate in corpus, ubi per arctissimam unionem facit sicut corpus vivat; inde, et ex mille experientiae testimoniis patet, quod spirituale unitum materiali, sicut vis viva cum vi mortua, faciat ut homo loquatur rationaliter, et agat moraliter: apparet sicut lingua et labia loquantur ex quadam vita in se, et quod brachia et manus agant similiter, sed est cogitatio, quae in se est spiritualis, quae loquitur, ac voluntas, quae similiter est spiritualis, quae agit, ac utraque per sua organa, quae in se materialia sunt, quia desumpta ex naturali Mundo; quod ita sit, in die apparet, dummodo attenditur ad hoc, remove cogitationem a loquela, nonne os momento obmutescet, tum remove voluntatem ab actione, nonne manus momento quiescent. Unitio spiritualium cum naturalibus et inde apparentia vitae in materialibus, comparari potest vino nobili in spongia munda, ac musto saccharino in uva, ac liquori sapido in pomo, et quoque odori aromatico in cinnamomo; horum omnium fibrae continentes sunt materiae, quae ex se nihil sapiunt, nec fragrant, sed ex fluoribus in illis et inter illa, quare si exprimis succos illos, sunt mortua fila; similiter organa propria corporis, si aufertur vita. Quod homo ex unitione

spiritualium cum naturalibus sit rationalis, patet ex analyticis cogitationis ejus, et quod sit moralis ex honestis actionis et decoris gestuum ejus; haec sunt illi ex facultate, quod recipere possit influxum a Domino per Coelum angelicum, ubi est ipsum habitaculum sapientiae et amoris, ita rationalitatis et moralitatis; ex his percipitur quod spirituale et naturale unita in homine faciant, ut vivat spiritualiter naturalis. Quod similiter et usque dissimiliter post mortem, est quia anima ejus tunc induta est corpore substantiali, sicut in Mundo naturali induta fuit corpore materiali. Creditur a multis, quod perceptiones et cogitationis mentis, quia spirituales, influant nudae, et non per formas organizatas; sed ita somniant illi, qui non viderunt interiora capitis, ubi perceptiones et cogitationes in suis principiis sunt, ut quod ibi sint cerebra, intexta et contexta substantiis, cineritia et medullari, et quod sint glandulae, cava, septa, et cuncta illa circumcincta meningibus et matribus, et quod homo secundum statum omnium illorum integrum aut perversum sane aut insane cogitet et velit, proinde quod sit rationalis et moralis secundum informationem organicam mentis suae: nam Visus rationalis hominis, qui est intellectus, absque formis organizatis ad receptionem lucis spiritualis, foret nullius praedicationis, sicut visus naturalis absque oculis; et sic porro.

XI

Quod receptio influxus istius sit secundum statum amoris et sapientae apud hominem.

13. Quod homo non sit vita, sed organum recipiens vitae a Deo, et quod amor una cum sapientia sit vita, tum quod Deus sit ipse Amor et ipsa Sapientia, et sic ipsa Vita, supra demonstratum est; inde sequitur quod quantum homo amat sapientiam, seu quantum sapientia in sinu amoris apud illum est, tantum sit imago Dei, hoc est, receptaculum vitae a Deo; ac vicissim, quantum in opposito amore est, et inde in insania, tantum non recipiat vitam a Deo, sed ab Inferno, quae vita vocatur mors. Ipse amor

et ipsa sapientia non sunt vita, sed sunt esse vitae, at jucunda amoris et amoena sapientiae, quae sunt affectiones, faciunt vitam, Esse enim vitae per illa Existit; Influxus vitae a Deo fert secum illa jucunda et amoena, sicut influxus lucis et caloris tempore veris in Mentes humanas, et quoque in omnis generis Aves et Bestias, imo in Vegetabilia quae tunc germinant et prolificant; nam jucunda amoris et amoena sapientiae expandunt animos, et adaptant illos ad receptionem, sicut gaudia et laetitiae expandunt facies, et adaptant illas ad influxum hilarium animae. Homo, quem amor sapientiae afficit, est sicut Hortus in Edene, in quo sunt binae Arbores, una Vitae, et altera Scientiae boni et mali; Arbor vitae est receptio amoris et sapientiae a Deo, et Arbor scientiae boni et mali est receptio illorum a semet, at hic insanit, et usque credit se sapere sicut Deus, ille autem vere sapit, et credit nullum sapere nisi quam solus Deus, et quod homo tantum sapiat quantum id credit, et plus quantum sentit se velle id; sed plura de hoc videantur in MEMORABILI inserto operi de AMORE CONJUGIALI, n: 132 ad 136. Unum arcanum illa confirmans e Coelo hic addam; omnes angeli Coeli vertunt Frontispicium ad Dominum ut Solem, et omnes Angeli inferni vertunt Occipitium ad Illum, et hi recipiunt Influxum in affectiones suae voluntatis, quae in se sunt concupiscentiae, et faciunt ut intellectus faveat, at illi recipiunt influxum in affectiones sui intellectus, et faciunt ut voluntas faveat, inde hi sunt in sapientia, illi autem in insania; Intellectus enim humanus habitat in Cerebro, quod est sub frontispicio, ac Voluntas in Cerebello quod est in occipitio: quis non scit, quod homo ex falsis insaniens faveat sui mali cupiditatibus, et per rationes ex intellectu confirmet illas, et quod homo sapiens ex veris videat quales suae voluntatis cupiditates sunt, ac refraenet illas; hoc facit sapiens, quia vertit faciem ad Deum, hoc est, credit in Deum, et non in se, at illud facit insaniens, quia avertit faciem a Deo, hoc est, credit in se et non in Deum; credere in se est credere quod amet et sapiat ex se et non ex Deo, et hoc significatur per edere ex arbore scientiae boni et mali, at credere in Deum, est credere quod amet et sapiat ex Deo et non ex se, et hoc est edere ex Arbore vitae, Apoc: II: 7. Ex his, sed adhuc [non] nisi sicut in lumine nocturno lunari, percipi potest, quod receptio influxus vitae a Deo sit secundum statum amoris et sapientiae apud hominem. Hic Influxus porro illustrari potest per influxum lucis et caloris in vegetabilia, quae florent et fructus ferunt secundum compaginationes fibrarum formantium illa, ita secundum receptionem; et quoque illustrari potest per influxum radiorum lucis in lapides pretiosos, qui modificant illos in colores secundum situm partium contexentium illos, ita etiam secundum receptionem; pariter per vitra optica et per aquas pluviae, per quae sistuntur irides secundum incidentias, refractiones et sic receptiones lucis; similiter mentes humanae quoad lucem spiritualem, quae procedit a Domino ut Sole, et perpetuo influit, sed recipitur varie.

XII

Quod intellectus in homine possit elevari in lucem, hoc est, in sapientiam, in qua sunt Angeli Coeli, secundum excultum rationis, et quod voluntas ejus in calorem coeli, hoc est, in amorem similiter secundum facta vitae; sed quod amor voluntatis non elevetur, nisi quantum homo vult et facit illa, quae sapientia intellectus docet.

14. Per Mentem humanam intelliguntur duae ejus facultates, quae vocantur Intellectus et Voluntas; Intellectus est Receptaculum lucis coeli, quae in essentia sua est sapientia, et Voluntas est Receptaculum caloris Coeli, qui in essentia sua est amor, ut supra ostensum est: haec duo, sapientia et amor, procedunt a Domino ut Sole, ac influunt in Coelum universaliter et singulariter, unde Angelis est sapientia et amor, et quoque in Mundum hunc universaliter et singulariter, unde hominibus est sapientia et amor. Sed illa duo unitim procedunt a Domino, ac similiter unitim influant in animas angelorum et hominum, verum non recipiuntur unitim in mentibus illorum, recipitur primum ibi Lux quae facit Intellectum, et pedetentim Amor qui facit Voluntatem; hoc etiam ex proviso est, quia omnis homo e novo creandus

est, hoc est, reformandus, et hoc fit per Intellectum; hauriet enim ab infantia cognitiones veri et boni, quae docebunt illum bene vivere, hoc est, rite velle et facere, ita formatur Voluntas per Intellectum. Propter hunc finem data est homini facultas elevandi Intellectum paene in lucem, in qua sunt Angeli coeli, ut videat quid illum oportet velle et inde facere, ut prosper sit in Mundo ad tempus, ac beatus post mortem in aeternum; prosper et beatus fit, si comparat sibi sapientiam, ac voluntatem sub ejus obedientia tenet; at improsper et infelix, si intellectum suum mittit sub obedientiam voluntatis; causa est, quia Voluntas a nativitate inclinat ad mala, etiam enormia; quare nisi illa refraenaretur per Intellectum, homo rueret in nefaria, imo ex insita ferina natura depopularetur et trucidaret sui causa quoscunque, qui sibi non favent et indulgent. Praeterea, nisi Intellectus separatim potuisset perfici et Voluntas per illum, homo non foret homo, sed bestia; non enim absque separatione illa, et absque ascensu intellectus supra voluntatem, potuisset cogitare, et ex cogitatione loqui, sed solum sonare suam affectionem, nec potuisset ex ratione agere, sed ex instinctu, minus potuisset cognoscere illa quae Dei sunt, et per illa Deum, et sic conjungi Ipsi, et vivere in aeternum; cogitat enim et vult homo sicut a se, et hoc sicut a se, est reciprocum conjunctionis, nam conjunctio absque reciproco non dabilis est, sicut non conjunctio activi cum passivo absque reactivo; solus Deus agit, et homo se patitur agi, ac reagit in omni apparentia sicut a se, tametsi interius a Deo. Ex his rite perceptis videri potest, qualis est amor voluntatis hominis, si elevatur per intellectum, tum qualis est si non elevatur, consequenter qualis est homo. Sed hoc, qualis est homo, si amor voluntatis ejus non elevatur per intellectum, illustrabitur per Comparationes; est sicut Aquila volans in altum, sed ut primum videt escas infra, quae cupidinis ejus sunt, ut gallinas, pullos olorum, imo catulos ovium, momento se dejicit, et devorat: similis etiam est adultero, qui inferius in cella recondit scortum, et per vices surgit in supremam regionem domus, et cum commorantibus ibi loquitur sapienter de castitate, ac alternis ex consortiis se proripit, et lasciviam suam infra satiat cum scorto: est quoque similis furi in turri, qui ibi simulant custodias agere, ut primum videt infra objectum rapinae, accelerat cursum deorsum, et id praedatur: assimilari etiam potest muscis paludis, quae in columna volant super capite equi currentis, quae quiescente equo decidunt, et immergunt se paludi suae: talis est homo, cujus voluntas seu amor non elevatur per intellectum, subsistit enim tunc infra ad pedem, immersus immundis naturae et libidinosis sensuum: aliter prorsus illi qui per sapientiam intellectus domant illecebras cupiditatum voluntatis; apud hos postea Intellectus init foedus conjugiale cum voluntate, proinde sapientia cum amore, et supra cohabitant cum delitiis.

XIII

Quod prorsus aliter apud Bestias.

15. Illi qui ex sola apparentia coram sensibus corporis judicant, concludunt quod Bestiis aeque sit voluntas et intellectus quemadmodum hominibus, et inde quod solum discrimen sit, quod homo possit loqui, et sic eloqui id quod cogitat et desiderat, at bestia modo sonare illa; attamen Bestiis non est voluntas et intellectus, sed duntaxat instar utriusque, quod Eruditi vocant analogon. Quod homo sit homo, est quia Intellectus ejus potest elevari supra voluntatis ejus desideria, et sic desuper cognoscere et videre illa, et quoque moderari illa; at bestia est bestia, quia desideria ferunt illam ad faciendum quod facit; quare homo est homo per id quod Voluntas ejus sit sub obedientia intellectus, at bestia est bestia per id, quod intellectus ejus sit sub obedientia voluntatis ejus: ex his sequitur hoc conclusum, quod intellectus hominis, quia recipit influam lucem e Coelo, et hanc apprehendit et appercipit ut suam, et ex hac cogitat analytice cum omni varietate prorsus sicut a se, sit vivus, et inde verus intellectus, et quod Voluntas ejus, quia recipit influum amorem coeli, et ex hoc agit sicut ex se, sit viva, et inde vere Voluntas; vicissim autem apud bestias. Quamobrem illi qui ex libidinibus voluntatis cogi-

tant, assimilantur bestiis, et quoque in Mundo spirituali e longinquo apparent sicut bestiae; agunt etiam similiter, cum sola differentia, quod possint aliter si volunt; at illi qui libidines voluntatis suae per intellectum coërcent, et inde rationaliter et sapienter agunt, in Mundo spirituali apparent ut homines, et sunt angeli coeli. Verbo, voluntas et intellectus apud bestias semper cohaerent, et quia voluntas in se est caeca, est enim caloris et non lucis, facit etiam intellectum caecum, inde bestia non scit et intelligit quid agit, et tamen agit, nam agit ex Influxu e Mundo spirituali, et talis actus est Instinctus. Creditur quod bestia ex intellectu cogitet quod agit, sed ne hilum, modo ex amore naturali, qui illi inest ex creatione, succenturiantibus sensibus corporis ejus, fertur ad agendum; quod homo cogitet et loquatur, est unice quia Intellectus ejus est separabilis a voluntate, et elevabilis usque in lucem coeli, nam Intellectus cogitat, et Cogitatio loquitur. Quod Bestiae agant secundum leges ordinis inscriptas naturae illarum, et aliquae sicut moraliter et rationaliter, secus ac plures homines, est quia intellectus illarum est caeca obedientia desideriorum voluntatis illarum, et inde non potuerunt pervertere illa per prava ratiocinia, sicut homines. Observandum est quod per voluntatem et intellectum bestiarum in antedictis intelligatur instar et analogon illorum; analoga denominantur ita ex apparentia. Vita bestiae comparari potest cum noctambulo, qui ex voluntate sopito intellectu ambulat et agit: et quoque cum caeco, qui vadit vias ducente cane: ut et cum fatuo, qui ex consuetudine et inde habitu secundum normas facit opus: similiter cum casso memoria, et inde orbato intellectu, qui usque scit aut discit se amicire, edere lauta, amare sexum, ambulare plateas a domo et ad domum, et facere talia, quae adblandiuntur sensibus et indulgent carni, a quorum illecebris et voluptatibus fertur, tametsi non cogitat, et inde non potest loqui. Ex his patet, quantum hallucinantur, qui credunt Bestias rationalitate gaudere, et modo discriminari ab hominibus per figuram externam, et per quod non possint eloqui rationalia quae intus recondunt; ex quibus fallaciis plures etiam concludunt, quod si homo post mortem vivit, etiam bestia victura sit, et vicissim, quod si bestia non vivit post mortem, nec homo victurus sit; praeter plura somnia, oriunda ex ignorantia de Voluntate et Intellectu, et quoque de Gradibus, per quos Mens hominis tanquam per scalas assurgit ad Coelum.

XIV

Quod tres Gradus sint in Mundo spirituali, et tres Gradus in Mundo naturali hactenus ignoti, secundum quos fit omnis Influxus.

16. Per investigationem causarum ab effectibus invenitur, quod duplicis generis Gradus sint, unum in quo sunt Priora et Posteriora, alterum in quo sunt Majora et Minora: Gradus qui distinguunt Priora et Posteriora, vocandi sunt GRADUS ALTITUDINIS, tum etiam DISCRETI; Gradus autem, per quos Majora et Minora inter se distinguuntur, vocandi sunt GRADUS LATITUDINIS, et quoque CONTINUI; Gradus altitudinis seu discreti sunt sicut Generationes et Compositiones unius ab altero; ut pro exemplo, alicujus Nervi a fibris, et cujusvis fibrae a fibrillis; aut alicujus Ligni, Lapidis, aut Metalli a partibus, et cujusvis partis a particulis: Gradus autem latitudinis seu continui sunt sicut Incrementa et Decrementa ejusdem Gradus altitudinis quoad latum, longum, altum et profundum, sicut voluminum aquae, aut aëris, aut aetheris, majorum et minorum, ac sicut massarum ligni, lapidis, aut metalli grandium et non grandium. Omnia et singula in Mundis, Spirituali et Naturali, a creatione in duplicis hujus Generis Gradibus sunt; totum Regnum Animale in hoc Mundo in illis Gradibus in communi et in particulari est; totum Regnum Vegetabile, et totum Regnum Minerale pariter; ut et Expansum Atmosphaericum a Sole usque ad Tellurem. Sunt ideo tres Atmosphaerae secundum Gradus altitudinis discretim distinctae tam in Mundo spirituali, quam in Mundo naturali, quia utrobivis est Sol; sed Atmosphaerae Mundi spiritualis, ex origine sua trahunt, quod sint substantiales, et Atmosphaerae Mundi naturalis ex origine sua trahunt, quod sint materiales; et quia Atmosphaerae secun-

dum illos Gradus ex Originibus suis descendunt, et illae sunt Lucis et Caloris continentia et sicut vehicula promoventia, sequitur quod tres Gradus sint lucis et caloris; et quia Lux in Spirituali Mundo in essentia sua est sapientia, et Calor ibi in essentia sua est amor, ut supra in suo Articulo demonstratum est, sequitur etiam, quod tres Gradus sapientiae et tres Gradus amoris sint, proinde tres Gradus vitae; graduantur enim per illa quae transeunt. Inde est, quod tres Coeli angelici sint, Supremum quod etiam vocatur Tertium, ubi sunt Angeli supremi gradus; Medium, quod etiam vocatur Secundum, ubi sunt Angeli medii gradus, ac Ultimum, quod etiam vocatur Primum, ubi sunt Angeli ultimi gradus; Coeli illi etiam distincti sunt secundum Gradus sapientiae et amoris; illi qui in Ultimo Coelo sunt, in amore sciendi vera et bona sunt, illi qui in Medio coelo, in amore intelligendi illa sunt, et qui in Supremo coelo in amore sapiendi sunt, hoc est, vivendi secundum illa quae sciunt et intelligunt. Quoniam Coeli angelici distincti sunt in tres Gradus, ideo etiam Mens humana distincta est in tres Gradus, quia illa est imago Coeli, h. e., Coelum in minima forma; inde est, quod homo possit fieri Angelus unius ex tribus illis Coelis, et hoc fit secundum receptionem sapientiae et amoris a Domino; Angelus Coeli ultimi si modo recipit amorem sciendi vera et bona, Angelus Medii Coeli si recipit amorem intelligendi illa, et Angelus Supremi Coeli, si recipit amorem sapiendi, hoc est, vivendi secundum illa: quod Mens humana distincta sit in Tres regiones secundum Coelos, videatur in Memorabili inserto Operi de AMORE CONJUGIALI, n: 270. Ex his patet, quod omnis Influxus spiritualis ad hominem et in hominem a Domino descendat per tres illos gradus, et quod ab homine recipiatur secundum gradum sapientiae et amoris, in quo est. Cognitio horum Graduum est hodie maximae utilitatis, quoniam multi, quia non sciunt illos, subsistunt et haerent in ultimo gradu, in quo sunt Sensus illorum corporis, et ex ignorantia, quae est caligo intellectus, non possunt elevari in lucem spiritualem, quae supra illos est; inde Naturalismus sicut ex sua sponte invadit, ut primum satagunt rimari et scrutari aliquid de

Anima et Mente humana et ejus rationalitate, et plus si de Coelo et de Vita post mortem; inde fiunt comparative sicut illi qui in foris stant cum tubis opticis in manibus spectantes ad Coelum, ac vana vaticinia edunt; et quoque sicut illi, qui de omni objecto viso, et de omni re audita garriunt et quoque ratiocinantur, praeter quod aliquid rationale ex intellectu insit; sed hi sunt sicut laniones, qui credunt se peritos anatomiae, quia lustrarunt viscera boum et ovium extrinsecus et non intrinsecus. Veritas usque est, quod ex influxu luminis naturalis non illustrati per influxum lucis spiritualis cogitare, non sit aliud quam somniare, et ex illa cogitatione loqui, sit hariolari. Sed de Gradibus his plura videantur in Opere de DIVINO AMORE ET DIVINA SAPIENTIA, Amstelodami An: 1763 edito, n: 173 ad 281.

XV

Quod Fines sint in primo gradu, Causae in secundo, et Effectus in tertio.

17. Quis non videt, quod finis non sit causa, sed quod producat causam, et quod causa non sit effectus, sed quod producat effectum, consequenter quod sint distincte tria quae sequuntur ordine. Finis apud hominem est amor ejus voluntatis, nam quod homo amat, hoc proponit sibi et intendit; causa apud illum est ratio ejus intellectus, nam finis per illam inquirit causas medias, seu efficientes; ac Effectus est operatio corporis ex illis et secundum illa; ita sunt Tria in homine, quae sequuntur ordine similiter ut sequuntur Gradus altitudinis: cum tria illa sistuntur, tunc finis est intus in causa, ac finis per causam in effectu, quare tria illa in effectu coëxistunt: inde est, quod dicatur in Verbo, quod unusquisque secundum opera ejus judicandus sit, finis enim seu amor voluntatis ejus, ac causa seu ratio intellectus ejus, effectibus qui sunt opera corporis ejus, simul insunt; ita quale totius hominis. Illi, qui non sciunt haec, et distinguunt objecta rationis ita, non possunt aliter quam terminare ideas cogitationis suae in Epicuri atomis, aut in Leibnitzii monadibus, aut in Wolfii

substantiis simplicibus, et sic occludere intellectum suum sicut obice, ut ne quidem ex ratione possit cogitare de Influxu spirituali, quia non de aliqua progressione, nam dicit Auctor de Substantia sua simplici, quod illa divisa cadat in nihilum; sic etenim Intellectus in suo primo lumine, quod est mere ex sensibus corporis, subsistit, nec promovet gradum ultra; unde est quod non aliter sciatur, quam quod Spirituale sit tenue naturale, tum quod Rationale sit bestiis sicut homini, et quod Anima sit halitus venti, qualis est qui exspiratur ex pectore dum moritur; praeter plura, quae non lucis sunt, sed caliginis. Quoniam secundum illos Gradus progrediuntur omnia in Mundo spirituali, et omnia in Mundo naturali, ut in superiori Articulo dictum est, patet quod illos cognoscere ac dispescere, ac videre in ordine, sit proprie intelligentia; omnis homo etiam per illos cognoscitur qualis est, cum scitur ejus amor, nam, ut dictum est, finis qui est voluntatis, et causae quae sunt intellectus, et effectus qui sunt corporis, sequuntur ex Amore ejus, sicut ex semine arbor, et ex arbore fructus. Sunt triplicis generis Amores, Amor coeli, Amor mundi, et Amor sui; amor coeli est spiritualis, amor mundi est materialis, et amor sui est corporalis; dum amor est spiritualis, trahunt omnia quae ex ille sequuntur, sicut formae a sua essentia, quod sint spiritualia, similiter si principalis amor est mundi seu opum, et sic materialis, trahunt etiam omnia quae ex illo sequuntur, ut principiata a suo principio, quod sint materialia; pariter si principalis amor est amor sui seu eminentiae super omnes alios, et sic corporalis, trahunt omnia quae ex illo sequuntur, quod sint corporalia, causa est, quia homo hujus amoris se solum intuetur, et sic cogitationes mentis suae immergit corpori; quapropter, ut mox supra dictum est, qui cognoscit regnantem alicujus amorem, et simul progressiones finium ad causas, et causarum ad effectus, quae tria sequuntur in ordine secundum gradus altitudinis, ille cognoscit totum hominem: ita Angeli coeli cognoscunt unumquemvis cum quo loquuntur; amorem ejus percipiunt ex sono loquelae ejus, ex facie vident imaginem ejus, et ex gestu corporis figuram ejus.

XVI

Quod ex his pateat, qualis est Influxus spiritualis ab origine sua ad effectus.

18. Influxus spiritualis hactenus deductus est ab anima in corpus, non autem a Deo in animam, et sic in corpus; hoc factum est, quia nemo aliquid sciverat de Mundo spirituali, et de Sole ibi, ex quo omnia Spiritualia ut ex suo fonte scaturiunt, et sic nihil de Influxu spiritualium in naturalia. Nunc quia mihi datum est simul esse in Mundo spirituali et in Mundo naturali, et sic utrumque Mundum et utrumque Solem videre, obligor a conscientia mea manifestare illa; nam quid juvat scire, nisi id quod quis scit etiam sciat alter, quid sine hoc illud, nisi quam colligere et in scrinio recondere opes, et solum per vices tueri et numerare illas absque ulla intentione usus ex illis; avaritia spiritualis non aliud est. Sed ut plene sciatur, quid et qualis est Influxus spiritualis, necessum est scire, quid in sua essentia est SPIRITUALE, et quid NATURALE, tum etiam quid ANIMA HUMANA; ne itaque lucrubratiuncula haec propter ignorantiam illorum manca sit, interest ut consulantur aliqua MEMORABILIA inserta Operi de AMORE CONJUGIALI, de SPIRITUALI in Memorabili ibi, n: 326 ad 329; de ANIMA HUMANA, n: 315; et de INFLUXU SPIRITUALIUM IN NATURALIA, n: 380, et amplius n: 415 ad 422.

19. His subjungam hoc MEMORABILE. Postquam haec scripta sunt, precatus sum ad Dominum, ut daretur loqui cum discipulis ARISTOTELIS, et simulcum discipulis CARTESII, et cum discipulis LEIBNITZII, propter finem, ut opiniones mentis eorum de Commercio Animae et Corporis haurirem: post precationem aderant novem Viri, tres Aristotelici, tres Cartesiani, et tres Leibnitziani, et steterunt circum me, a latere sinistro adoratores Aristotelis, ad dextrum sectatores Cartesii, et a tergo fautores Leibnitzii; e longinquo ad distantiam, et per intervalla inter se, visi sunt tres sicut Laureati, et ex influa perceptione cognovi quod essent ipsi Antesignani seu Archididascali; post Leibnitzium stabat unus manu tenens alam vestis ejus, et dicebatur quod

esset Wolfius. Novem illi Viri, cum intuerentur se mutuo, faceta voce se primum salutabant, et affabantur. Sed mox tunc ex inferis exsurgebat Spiritus cum facula in manu dextra, et vibrabat illam ante facies illorum, inde facti sunt inimici, tres contra tres, et torvo vultu se aspiciebant; invasit enim libido altercandi et litigandi; et tunc exorsi sunt Aristotelici, qui quoque erant Scholastici, dicentes quis non videt, quod objecta per sensus influant in animam, sicut quis per fores intrat in conclave, et quod Anima cogitet secundum influxum; nonne dum Amator videt pulchram virginem aut sponsam, oculus ejus scintillat, et fert amorem ejus ad animam; nonne Avarus cum videt crumenas in quibus nummi, ad illas ardet omni sensu, et inde hoc infert in animam, et excitat cupidinem possidendi illas; nonne cum aliquis Superbus audit laudes de se ab altero, arrigit aures, et hae perferunt illas ad animam; suntne Sensus corporis sicut atria, per quae ad animam unice fit ingressus; quis ex his et innumeris similibus aliter potest concludere, quam quod Influxus e natura seu physicus sit. Ad haec dicta, sectatores Cartesii tenentes digitos sub fronte, et nunc retrahentes illos, respondebant, dicendo; heu, loquimini ex apparentiis; nonne scitis, quod non oculus amet virginem aut sponsam ex se sed ex anima; pariter quod nec sensus corporis cupiat nummos in crumena ex se sed ex anima; similiter quod nec aures arripiant laudes assentantium aliter; nonne perceptio est quae facit sentire, et perceptio est animae et non organi; dicite si potestis, quid aliud facit linguam et labia loqui quam cogitatio, et quid aliud facit manus operari quam voluntas, ac cogitatio et voluntas sunt animae et non corporis; ita quid facit oculum videre, et aures audire, et reliqua organa sentire, nisi quam anima; ex his et ex innumeris similibus aliis unusquisque qui supra sensualia corporis sapit, concludit, quod non sit influxus corporis in animam, sed animae in corpus, quem nos vocamus Influxum occasionalem, et quoque spiritualem. His auditis tres Viri, qui post triades priores steterunt, qui erant fautores Leibnitzii, extulerunt vocem, dicentes, audivimus argumenta ab utraque parte, et contulimus illa, et percepimus, quod in multis praevaleant haec illis, et in multis his illa, quare, si licet, componemus lites; et ad interrogationem quomodo; dixerunt, Non est aliquis Influxus animae in corpus, nec corporis in animam, sed est unanima et instantanea operatio utriusque simul, quam celebris Auctor pulchro nomine insignavit, vocando Harmoniam praestabilitam. His peractis rursus apparuit Spiritus cum facula in manu sed nunc sinistra, et vibravit illam ad occipitia illorum, inde confusae factae sunt ideae omnium, et conclamabant, non scit anima nostra nec corpus, in quam partem transeamus, quare dirimamus has lites per sortem, et sorti quae primum exit favebimus; et sumserunt tres schedulas, et uni illarum inscripserunt, INFLUXUS PHYSICUS, alteri INFLUXUS SPIRITUALIS, et tertiae HARMONIA PRAESTABILITA; et miserunt tres illas in cavum pilei; et elegerunt unum qui exprometet, et hic immissa manu apprehendit illam, super qua scriptus fuit INFLUXUS SPIRITUALIS; qua visa et lecta, dixerunt omnes, quidam tamen claro et fluente sono, quidam obscuro et intracto, faveamus huic, quia primum exivit. At subito tunc adstitit Angelus et dixit, ne credatis, quod chartula pro Influxu spirituali exiverit fortuito, sed ex proviso; Vos enim quia in confusis ideis estis, non videtis veritatem ejus, sed ipsa Veritas obtulit se illam manui, ut ei faveatis.

20. Quondam interrogatus sum, quomodo a Philosopho factus sum Theologus, et respondi, eo modo quo Piscatores facti sunt Discipuli et Apostoli a Domino; et quod ego etiam a prima juventute fuerim Piscator spiritualis; hoc audito, interrogavit quid Piscator spiritualis, replicui, quod Piscator in Verbo in sensu ejus spirituali significet hominem, qui indagat et docet Veritates naturales, et postea spirituales rationaliter: ad interrogationem quomodo hoc demonstratur, dixi ex his locis in Verbo, *Tunc deficient aquae e mari, ac fluvius exsiccabitur et exarescet, ideo lugebunt* PISCATORES, *et tristes erunt omnes projicientes hamum in mare,* Esai: XIX: 5. 8. Alibi; *Super fluvio, cujus aquae sanabantur, stabant* PISCATORES *ab Engedi, expansione sagenarum aderant, juxta speciem erat* PISCIS *eorum, sicut* PISCIS *maris magni,*

multus valde, Ezech: XLVII: 9. 10. Et alibi *Ecce Ego mittam, dictum Jehovae, ad* PISCATORES *multos, qui* FILIOS ISRAELIS PISCABUNTUR, Jerem: XVI: 16. Inde patet, cur Dominus Piscatores elegerat in Discipulos, et dixerat, *Venite post Me, et faciam vos* PISCATORES HOMINUM, Matth: IV: 18. 19. Marc: I: 16. 17; et ad Petrum, postquam multitudinem piscium captaverat, EX NUNC HOMINES CAPIES, Luc: V: 9. 10. Postea demonstravi originem illius significationis Piscatorum ex APOCALYPSI REVELATA; videlicet, quia Aqua significat Vera naturalia, n: 50. 932; similiter Fluvius, n: 409. 932; Piscis illos qui in Veris naturalibus sunt, n: 405; et inde Piscatores illos, qui Veritates indagant et docent. His auditis Interrogator extulit vocem et dixit, nunc possum intelligere, cur Dominus vocaverat et elegerat Piscatores ut essent Discipuli, et ideo non miror, quod etiam temet, quoniam, ut dixisti, a prima juventute fuisti Piscator in spirituali sensu, hoc est, Indagator veritatum naturalium; quod nunc Veritatum spiritualium, est quia hae super illis fundantur. His addidit, quia erat Vir rationis, quod solus Dominus cognoscat, quis idoneus est ad percipiendum et ad docendum illa, quae Novae Ipsius Ecclesiae sunt, num aliquis inter Primates, vel num aliquis inter famulos illorum. Praeterea, quis Theologus inter Christianos non prius in Gymnasiis studuit Philosophiae, antequam inauguratus est Theologus; unde ei alioquin intelligentia? Demum dixit, quia factus es Theologus, aperi quae tua Theologia, respondi, quod haec duo sint Principia ejus, QUOD DEUS UNUS SIT, et QUOD CONJUNCTIO CHARITATIS ET FIDEI SIT, ad quae retulit, quis haec negat, respondi, quod Theologia hodierna interius lustrata.

Essays

SWEDENBORGS BEITRAG ZUR PSYCHOLOGIE

von Anders Hallengren

Anders Hallengren, geboren 1950 in Stockholm, ist Senior Research Fellow im Fachbereich für Literatur und Ideengeschichte an der Universität Stockholm, Mitglied auf Lebenszeit (life member) der Swedenborg Society und Mitglied der Linnean Society of London and New South Wales. Er ist Autor zahlreicher historischer und philosophischer Werke einschließlich »The Code of Concord: Emerson's Search for Universal Laws« (1994) und »Gallery of Mirrors: Reflections of Swedenborgian Thought« (1998). 2009 hielt er in Sydney eine Lesung über Carl von Linnés Beitrag zur Psychiatrie, der ebenso unbekannt wie bedeutend ist, und als eine Folge dieser Tätigkeit richtete er seine Aufmerksamkeit auf Swedenborgs unerforschte Stellung in der Geschichte der Psychologie. Der folgende Beitrag war die wissenschaftliche Abhandlung Hallengrens für das internationale Symposium »Emanuel Swedenborg – Exploring a ›World Memory‹: Context, Content, Contribution« vom 7. bis 9. Juni 2010 an der Königlichen Schwedischen Akademie der Wissenschaften in Stockholm, dort vorgetragen am 7. Juni 2010.

»Ein kolossaler Geist«, der »von ganzen Kollegien gewöhnlicher Gelehrter nicht ermessen werden kann«, sagte Emerson über Swedenborg. Das ist noch immer eine Herausforderung, und heute heben wir den Fehdehandschuh einmal mehr an dieser Akademie auf, an der Swedenborg selbst aktives Mitglied war, sicherlich das außergewöhnlichste, das sie je hatte, ein Universalgelehrter, mit einem gewaltigen Studienhorizont und erstaunlichen Zielen und Ansprüchen.

Seit der Zeit Emersons wurde von ganzen Kollegien bedeutender Gelehrter aufgezeigt, wie viel Swedenborg anderen verdankte und welches die Bedeutung der Vorläufer und des intellektuellen Umfeldes war. Indessen, »das größte Genie ist der am meisten zu Dank verpflichtete Mensch« stellte Emerson in seinem Essay über Originalität fest, und als Anhänger von niemandem, aber Originalentlehner von allem, war Swedenborg ein solches Genie, das – wie Linné und Newton – Mutmaßungen vermied, die nicht auf Untersuchung basierten.

Wie Plato in seinem »Timaeus« und Einstein in seiner Einheitlichen Feldtheorie, strebte Swedenborg nach einer Theorie, die alles umfasste, und im Stil seines zeitgenössischen Kollegen und Verwandten Carl von Linné in seinem Werk »Systema Naturae« (System der Natur), welches dahingehend anwuchs, dass es die gesamte Schöpfung umfasste, das Reich der Steine, der Pflanzen und Tiere und des homo sapiens, den er so benannte, versuchte Swedenborg in ähnlicher Weise die Natur zu erforschen (wobei er jedoch das Pflanzen- und Tierreich in den Händen von Linné beließ), indem er vom Mineralreich ausging und sich immer mehr in die Tiefe arbeitete und in die Materie bis zum dimensionslosen mathematischen Punkt und zum Ende des Universums eindrang. Ihm wurden Professuren in Mathematik und Astronomie angetragen, er stellte eine Nebulartheorie vor und stieß immer weiter vor bis er das Reich der Seele erreichte, das »Regnum animale«, das Schlüsselgebiet seiner Forschungen, wo jeder Aspekt des menschlichen Wesens (des homo sapiens) untersucht werden musste, der menschliche Körper als Wohnstätte der Seele, der Geist als Bewohner in diesem Mikrokosmos. Auf der Suche nach dem Wesen des Seins und der menschlichen Situation im Universum wandte er sich dann vom Teleskop zum Mikroskop und wurde Anatom. Dank seiner Studien der Anatomie und der Lebenswissenschaften ist er in der Lage eine systematische Erforschung der verschiedenen Zustände des Bewusstseins durchzuführen und einen Beitrag zu unseren Kenntnissen über die mentalen Fähigkeiten zu leisten. Er wurde Psychologe und präsentierte eine Theorie des menschlichen Geistes.

Psychologie, die Wissenschaft der menschlichen Seele oder des menschlichen Gemüts, befasst sich mit der Psyche, was »Seele«, »Geist« und »Gemüt« bedeutet. Wenn wir den Begriff gemäß seiner sprachlichen Ableitung definieren, wie es »The Oxford Dictionary of English Etymology« tut, wurde Psychologie zum Hauptgebiet von Swedenborgs Studien. In diesem weiten Sinne haben Gelehrte und andere Schriftsteller Swedenborgs Psychologie während Jahrhunderten analysiert, einige von ihnen verwenden den Begriff sogar in dieser Weise, zum Beispiel Leon James, um einen Psychologieprofessor zu erwähnen, und Wilson Van Dusen, ein klinischer Psychologe.[56] Wendet man den Fokus auf den Menschen, so haben andere – wie der Existenzialist Karl Jaspers – Swedenborg aus dem Blickwinkel der Psychologie (der Geisteskrankheiten) angegangen, indem sie seine Ansichten und Visionen zusammen mit seinem mentalen Zustand untersucht haben. Wechselt man erneut die Perspektive und damit zu dem eigentlichen Thema meines Beitrags, so ist es aus seinen Schriften offensichtlich, dass Swedenborg vom Anfang bis zum Ende seiner schriftstellerischen Laufbahn ein besonderes Interesse am menschlichen Verhalten und an den menschlichen Reaktionen hatte. Seine visionären »Memorabilia«, die sogenannten Denkwürdigkeiten, können in gewisser Weise als das Werk eines empirischen Kasuisten betrachtet werden, einer Person, die Fälle von Bewusstsein, Neigungen und Verirrungen studiert, ja sogar von Perversionen – bespielsweise wenn er seinen Aufenthalt in der geistigen Welt der »amor scortatorius« (der perversen Liebe) schrecklich verlängert, um die »psychopathia sexualis« (um Krafft-Ebings Begriff zu verwenden) zu studieren. Im Folgenden wird das Wort Psychologie jedoch in einem deutlich irdischeren, engeren und technischeren Sinne verwendet.

Dann sehen wir uns aber plötzlich mit einem ernsthaften Problem konfrontiert, und die Erfolgsaussichten stehen gegen mich, wenn ich darüber spreche und diese Fragen stelle, es ist, als ob ein sprichwörtliches akademisches Schwert über meinem Haupte schwebte. Wenn sie in eine gut bestückte Buchhandlung oder

---

[56] Vgl. z.B. Wilson Van Dusen, *The Country of Spirit: Selected Writings*, San Francisco und Boston: J. Appleseed & Co., 1992, und das mehrbändige Werk des Akademiker Leon James aus Honolulu *Theistic Psychology*, im Internet veröffentlicht. Es bestehen wirklich zahlreiche Parallelen vom systematischen theoretischen und praktischen Führer von Orson Loydd Barlers *Degrees of Life in Man*, Chicago: The Regan Printing House, 1907, bis hin zu Stephen Russel-Lacys *Heart, head & hands: an interpretation of Swedenborg's writings in relation to psychological and spiritual well-being*, London: Seminar, 2008.

zu einem der größeren akademischen Buchhändler gehen und nach einer Geschichte der Psychologie fragen und sämtliche Bücher durchblättern, dann werden sie meistens zwei Dinge beobachten: 1. Emanuel Swedenborg wird darin nicht erwähnt; 2. Es gab im achtzehnten Jahrhundert *gar keine* Psychologie! Das also ist mein Ausgangspunkt.

Renommierte und umfassende Standardwerke mit dem Titel »Geschichte der Psychologie« wie jene von Morton Hunt, John G. Benjafield, David Hothersall, Wayne Viney, Per Saugstad, Henryk Misiak und Virginia Staudt Sexton sind sich in diesem Punkt einig. Das anerkannte vierbändige Nachschlagewerk »Encyclopaedia of Psychology« nennt uns als Datum für die Geburt der Psychologie 1874, das Jahr in dem Wilhelm Wundts »Grundzüge der physiologischen Psychologie« erschienen ist; es anerkennt jedoch eine Tradition philosophischer Spekulationen über die Natur des Geistes von Plato bis Immanuel Kant, es stellt dabei fest, dass Kant darauf beharrte, »dass es keine Wissenschaft der Psychologie geben könne« und die Tradition dort so, wie sie war, unterbrochen wurde.[57] Dies wurde auch von vielen anderen betont, einschließlich Saugstad, der festhält, dass Kants Nachfolger auf dem Lehrstuhl in Königsberg, Johann Friedrich Herbart, es schließlich wagte, eine etwas positivere Sicht der Psychologie anzunehmen, und das populäre »Lehrbuch der Psychologie« (1816) publizierte und sogar 1824 ein Buch mit dem Titel »Psychologie als Wissenschaft«.[58]

Diese allgemeine Sicht der Geschichte der Psychologie wird bekräftigt durch das vierbändige schwedische Nachschlagewerk »Pedagogisk-Psykologisk Uppslagsbok« (Pädagogisches Psychologisches Nachschlagewerk), aber in einem Abschnitt über die Geschichte der Psychologie in Schweden wird ganz nebenbei

---

57 *Encyclopaedia of Psychology*, 2. Ausgabe, Band 3, New York: John Wiley & Sons, 1984, Seite 155–157.

58 Per Saugstad, *Psykologins historia* (Geschichte der Psychologie), Stockholm: Natur och Kultur 2001, Seite 24.

angemerkt – man höre und staune – dass die Psychologie in Schweden als eine teilweise akademische Disziplin im achtzehnten Jahrhundert eingeführt worden sei, vertreten durch Andreas Rydelius' »Nödiga Förnuftsöfningar« (Nützliche intellektuelle Übungen) 1718, *und* durch Emanuel Swedenborg »der in seinem Werk über rationale Psychologie auf auffallend moderne hirnphysiologische Probleme kam«.[59] Die Bedeutung von Christian Wolff und dem Wolffianismus in der Mitte des Jahrhunderts wird ebenfalls betont.[60]

Jetzt haben wir endlich einen Ansatzpunkt gefunden! Rydelius wird nämlich in Swedenborgs »Geistigem Tagebuch« als ein Mann erwähnt, der »sich sehr mit Gegenständen der Psychologie beschäftigt hatte« (*Geistiges Tagebuch* 4698). Rydelius war einer von Swedenborgs ersten Lehrern in psychologischen Dingen und wie aus den ersten Seiten von »A Philosopher's Notebook«[61] ersichtlich ist, bildete Rydelius' Entwurf der Wissenschaften eine gute Grundlage für den Horizont von Swedenborgs Studien und dessen Lebensprojekt.[62] In seinem Werk über den »Himmel und

---

59 *Psykologisk-pedagogisk uppslagsbok* (Psychologisch-Pädagogisches Nachschlagewerk), Stockholm: Natur och Kultur, 1956, Band 2, Seite 1080–1083.

60 Vgl. Tore Frängsmyr, *Wolffianismens genombrott i Uppsala: frihetstida universitetsfilosofi till 1700-talets mitt.* (Durchbruch des Wolffianismus in Uppsala: Freiheitliche Universitätsphilosophie bis Mitte des 18. Jahrhunderts), Uppsala: Skrifter utgivna till Uppsala universitets 500-årsjubileum (Schriften zum 500-Jahr-Jubiläum der Universität Uppsala), 1972.

61 Emanuel Swedenborg, *A Philosopher's Note Book: Excerpts from Philosophical Writers and from the Sacred Scriptures on a Variety of Philosophical Subjects; together with some Reflections, and Sundry Notes and Memoranda,* Translated from the Latin and Edited by Alfred Acton, Philadelphia: Swedenborg Scientific Association, 1931.

62 »... is multum studuerat talibus quae psychologiae erant (dieser hatte sich sehr mit Gegenständen der Psychologie beschäftigt)« (*Geistiges Tagebuch* 4698). Diese Passage nimmt Bezug auf den produktiven Philosophen und Theologen Andreas Rydelius (1671–1738), den Autor eines bedeutenden schwedischen Werks über Philosophie, einschließlich des fünfbändigen Werks *Nödiga förnufts-öfningar* (Nützliche intellektuelle Übungen) (1718–1722, neue Ausgabe 1737) mit großer Wichtigkeit für Swedenborg und viele andere Studenten seiner Generation für ihre Entwicklung als Denker. Rydeli-

seine Wunder« vom Jahre 1758 hält Swedenborg klar fest, dass die Psychologie eine empirische Wissenschaft sei; es gibt ihr gegenüber wirklich keine Vorbehalte, Einschränkungen oder Zurückhaltung: »Unter den Wissenschaften sind die verschiedenen Arten experimenteller Erkenntnisse zu verstehen, wie Physik, Astronomie, Chemie, Mechanik, Geometrie, Anatomie, Psychologie ...« (*Himmel und Hölle* 353).

Wenn wir uns jetzt wieder dem »Oxford English Dictionary« zuwenden, so wird Christian Wolff als der erste genannt, der in den 1730er-Jahren den Begriff Psychologie (Lateinisch *psychologia*) in einem modernen Sinne in Bezug auf das Studium des Geistes verwendet haben soll! Der moderne Klassiker »Brett's History of Psychology« bestätigt, dass »Wolff die empirische Psychologie erwähnte und definierte, obwohl er dazu keinen bedeutenden Beitrag geleistet habe«[63], da Psychologie noch immer ein Unter-

---

us war ein eifriger Gelehrter und Lehrer, der all seine Zeitgenossen beeindruckte. 1712–1713 als die Universität Lund wegen einer Pestepidemie geschlossen wurde, zog Rydelius mit seinen Studenten von Dorf zu Dorf, um den Unterricht fortzusetzen. König Karl XII war von seinen Lesungen sehr begeistert und ermutigte Rydelius sein wichtigstes philosophisches Werk über Logik, über gesunden Menschenverstand und allgemein bekanntes Wissen unter Studenten, mit vollem Originaltitel *Nödiga förnufftz öfningar för all slags studerande ungdom, som wil hafwa sunda tankar*, zu veröffentlichen. Es geht aus der Excerptsammlung der Königlichen Akademie der Wissenschaften (Codex 36–110) deutlich hervor, wie wichtig dieses Werk war für die Inspiration von Swedenborgs großem Projekt zum Finden einer Wissenschaft der Wissenschaften, einer universalen Sprache und Doktrin von Serien von Abstufungen (Inge Jonson, *A Drama of Creation: sources and influences in Swedenborg's Worship and Love of God*, West Chester, Pa., Swedenborg Foundation, 2004, Seite 35; vgl. Alfred Acton, Hrsg., *A Philosopher's Note Book*, Philadelphia: Swedenborg Scientific Association, 1931, Seite 2–3 einschließlich Fußnote über Rydelius), und für sein Studium der Psychologie als eine Vielzahl verschiedener Fähigkeiten, wie beispielsweise unterschiedliche Grade und Qualitäten der Wahrnehmung (Jonson, *A Drama of Creation*, Seite 162, 196–197, 271), einschließlich der Fähigkeit der Wahrnehmung der Wahrheit oder des Guten und das Verständnis von Symbolen und Emblemen.

63 George Sidney Brett, *Brett's History of Psychology*, herausgegeben und gekürzt durch R. S. Peters, London: George Allen & Unwin, und New York: The Macmillan Company, 1953, Seite 397–410.

begriff der Metaphysik war (ein rationalistischer oder idealistischer Aspekt, den Swedenborg, der Wissenschaftler, in seinen Werken möglichst vermieden hat, denn seine Absicht war es, jede Aussage sinnlich und empirisch nachzuweisen, »ut ipsis sensibus«[64], für die Sinne selbst).

Erwin Esper, ehemaliger Professor für Psychologie an der Universität Washington, bezeichnet in »A History of Psychology« Christian Wolff als »den ersten deutschen Psychologieprofessor« (obwohl er Professor für Mathematik, Naturwissenschaften und Physik war). Esper ist einer der wenigen Historiker auf diesem Gebiet, die Swedenborg erwähnen (in Zusammenhang mit Kant), wenngleich sein Beitrag zur Psychologie nicht erwähnt wird: »Das intellektuelle Umfeld, in dem Kant aufwuchs, umfasste den preußischen Pietismus – die formalisierte dogmatische Theologie der lutherischen Kirche, den swedenborgianischen Mystizismus und den wolffianischen metaphysischen Dogmatismus. *Emanuel Swedenborg* (1688–1772) illustrierte in seinem Leben die widersprüchlichen Tendenzen im nördlichen Europa seiner Zeit. Bis in seine mittleren Jahre war er ein Wissenschaftler und Mann der Fakten, der viele Beiträge zur reinen und zur angewandten Wissenschaft leistete, wovon einige bemerkenswerte Vorwegnahmen späterer Forschungen waren. Dann aber begann er Visionen von Himmel und Hölle und Offenbarungen von Gott zu bekommen und es wurde seine Mission, die so empfangenen Lehren zu verbreiten: Dass das Wesen Gottes unendliche Liebe sei; dass die beiden Welten von Natur und Geist zwar verschieden aber aufs engste durch analoge Substanzen, Gesetze, Kräfte usw. verbunden seien.«[65]

---

64 Th. Noack: Anders Hallengren bezieht sich hier sehr wahrscheinlich auf eine Formulierung Swedenborgs in seinem *Prodromus Philosophiae ratiocinantis de Infinito*, Dresden und Leipzig, 1734. Dort heißt es: »Der hauptsächliche Zweck dieses Werkes ist es, dass sogar den Sinnen (ut ipsis sensibus) die Unsterblichkeit der Seele bewiesen werde.« (Seite 268).

65 Erwin A. Esper, *A History of Psychology*, Philadelphia & London: W. B. Saunders Company, 1964, Seite 229–230.

Immanuel Kants Widerlegung von Wolff in der »Kritik der reinen Vernunft« und anderen Schriften führte zu Wolffs Verschwinden von der Bildfläche und gemäß ihrem Landsmann Kuno Fischer, dem scharfsichtigen Philosophiehistoriker, war Kants Frontalangriff auf Swedenborg in »Träume eines Geistersehers« ebenso sehr eine Rückweisung von Wolff und Metaphysik im Allgemeinen und somit eine Gelegenheit, zwei Fliegen auf einen Schlag zu erledigen, eine Gelegenheit, die Kant lachend ergriff, um es mit Fischers Worten aus seiner »Geschichte der neueren Philosophie« auszudrücken.[66]

Und der Schlag verfehlte sein Ziel nicht. Danach waren Wolff und Swedenborg (der Wissenschaftler) weggefegt. Wir bewegen uns im großen Schatten Kants, der Wolff und Swedenborg in Dunkelheit hüllte, indem sie von ihm und seinen Anhängern in den Schatten gestellt wurden. Dies ist vielleicht der Grund, weshalb sie in der Geschichte der Psychologie vergessen gingen.

Nichtsdestoweniger wurde der in Swedenborgs Umfeld aufgewachsene William James ein Pionier der amerikanischen Psychologie. Sein bahnbrechendes Textbuch über Psychologie in den 1890er Jahren diente für hundert Jahre als Lehrbuch. Ich las es selbst im College. Wie der (swedenborgianische) Psychologe Stephen Larsen feststellte, fanden Studenten psychologischer Ausrichtung großes Interesse an Swedenborg, sowohl an dessen frühem Werk über Neuropsychologie sowie auch an den psychologischen Implikationen seiner späten theologischen Werke. Er bemerkt jedoch, dass es nur wenige Werke gebe, welche direkt

[66] »Die Ähnlichkeit die er zwischen den Sinnesträumern, Geistersehern und Vernunftträumern, den Metaphysikern unter seinen Zeitgenossen sah, den Erbauern von Luftschlössern der verschiedenen Ideenwelten (Wolff und Crusius) gab ihm die Gelegenheit, den Charakter des vorherrschenden metaphysischen Denkens zu definieren und eine neue Wahrnehmung derselben als eine Wissenschaft zu proklamieren. Um eine Metapher zu verwenden: Swedenborg und die Metaphysik waren für Kant zwei Fliegen, die er mit einem Schlag erledigen konnte. Dies tat er lachend.« (Kuno Fischer, *Geschichte der neueren Philosophie*, 2. Ausgabe, Band 3, Seite 232.)

auf die psychologischen Beiträge Swedenborgs Bezug nehmen[67], was sich dadurch erklären lässt, dass allgemein akzeptiert ist, dass die moderne Psychologie lediglich ein Jahrhundert alt sei und Swedenborg doch hundert Jahre früher lebte! Oder, wie Aldous Huxley es in seinem Buch »Perennial Philosophy« ausdrückte: »Eine der außergewöhnlichsten ... Anmaßungen der Arroganz des zwanzigsten Jahrhunderts war die Annahme, dass vor der Zeit Freuds niemand etwas über Psychologie gewusst habe.«[68]

In seiner kurzen und scharfsichtigen Abhandlung betont Larsen außerdem die systematischen Bewusstseinsstudien Swedenborgs, seine Introspektion und Selbstanalyse, die Traumdeutung, seine Beschreibung des mentalen Lebens, insofern es eine Mischung kognitiver und affektiver Aspekte und eine Hierarchie von Motiven ist, und autonome Teile des Selbst. Zudem hebt Larsen das wegbereitende neurophysiologische Werk, einschließlich der Bedeutung des endokrinen Systems für das Gefühlsleben, hervor und die bahnbrechende, lange unbekannte Hirnforschung, die Lokalisierung des Hauptsitzes der psychischen Aktivität im zerebralen Cortex, das unterschiedliche Funktionieren der beiden Hirnhälften und die hypothetische Wahrnehmung von Neuronen und Hirnwellen.

Martin Ramström hatte am Londoner Kongress von 1910 wie auch viele andere Persönlichkeiten des letzten Jahrhunderts Swedenborgs überraschende Einsichten in solche neurologischen und physiologischen Zusammenhänge, die seinen Zeitgenossen weitgehend unbekannt waren, bezeugt, da Swedenborg

---

[67] Meine eigene kurze Darstellung kann als Antwort zum 100. Jahrestag der ersten Abhandlung zu diesem Thema angesehen werden, nämlich der von Alfred H. Stroh, *Swedenborg's Contributions to Psychology*, Transactions of the International Swedenborg Congress ... 1910, London: Swedenborg Society 1912, Seite 151–164.

[68] Carolyn Blackmer, *Essays On Spiritual Psychology*, Herausgeber und Einleitung Stephen Larsen, New York: Swedenborg Foundation, 1991, Vorwort und Einleitung.

eine Synthese der Arbeit verschiedener Anatomen erstellte und seine eigenen Schlüsse zog. Das war seine Arbeitsmethode, die Ergebnisse der empirischen Forschungen und Laborarbeiten anderer rational und logisch zu verarbeiten. Lehnstuhlreflexion? Ja, in großem Ausmaß (logisch und systematisch wie die von Sherlock Holmes), wenngleich auf beobachtbaren und überprüfbaren Tatsachen und Phänomenen und anderen nachvollziehbaren Daten basierend. Diese gründliche und dauerhafte Methodologie im Hinblick auf große Synthesen ist in Swedenborgs eigenem wissenschaftlichen Programm klar erkennbar und wird von ihm ausdrücklich bereits 1720 erwähnt: »Es erscheint mir, dass eine unendlich große Anzahl von Experimenten eine gute Grundlage sei, um darauf aufzubauen, um die Arbeit und Erfahrung anderer Menschen zu nutzen, das heißt, um mit dem Kopf an dem zu arbeiten, was andere mit ihren Händen erarbeitet haben.«[69] Oder im Tenor seiner scharfsinnigen Einleitung für »Rational Psychology« von 1742: »Ich muss analytisch vorgehen, oder von der Erfahrung zu den Ursachen und dann von den Ursachen zu den Prinzipien; das heißt von den nachfolgenden Dingen zu den vorausgehenden gelangen.«[70]

Dies war ein empirisch-deduktives Prinzip, das er in Kombination mit rationaler Analyse befolgte. Dementsprechend stützte er sich auf die Arbeit aller großen Anatomen seiner Zeit und jener des siebzehnten Jahrhunderts einschließlich der Neuroanatomen

---

69 Inge Jonsson, *Visionary Scientist: The Effects of Science and Philosophy on Swedenborg's Cosmology*, West Chester: Swedenborg Foundation, 1999, Seite 40, 214 (dort die Anmerkung); (die Kapitel 3–4 enthalten einen gut untermauerten Bericht über Swedenborgs psychologisches Werk). Swedenborgs Formulierung von 1720 findet sich bei Alfred Acton (Hrsg.), *Letters and Memorials of Emanuel Swedenborg*, Bryn Athyn: Swedenborg Scientific Association, 1948, Band 1, Seite 237.

70 *Rational Psychology, A posthumous work written in 1742 by Emanuel Swedenborg*, von Norbert H. Rogers und Alfred Acton aus dem Lateinischen ins Englische übersetzt, herausgegeben von Alfred Acton, überarbeitete Auflage, Bryn Athyn: Swedenborg Scientific Association, 2001, Seite xvi.

Raymond Vieussens und Thomas Willis sowie vieler anderer.[71] Sein Ideal bestand darin, die empirische Wahrheit zu finden, und das ist es auch später bei seinen theosophischen Berichten über Dinge, die er selbst gehört und gesehen hatte. Er hielt nichts von Spekulation und war nicht wirklich an der Philosophie *per se* interessiert. Er war ein Mann, der wissen wollte. Das Ziel seiner intensiven anatomischen Studien bestand darin, eine neue psychophysische Theorie zu schaffen, und in seinem Forschungsprogramm, das er in den frühen 1730er Jahren skizziert hatte, hoffte er, dass die Psychologie dieselben Fortschritte machen könne wie in jüngster Zeit die Geografie.[72] Aus diesem Grund untersuchte er bereits 1733 kritisch Christian Wolffs Werk »Psychologia Empirica« (1732) und dann auch die »Psychologia Rationalis« (1734), wie aus seinen umfangreichen Manuskriptnotizen und Kommentaren ersichtlich ist, und infolgedessen wurde er nach Wolff einer der ersten, der den Begriff Psychologie annahm und entwickelte und ihn in einem moderneren Sinne verwendete.[73]

Von dieser Zeit an ist Psychologie ein Begriff, den er in seiner Kartierung des menschlichen Körpers, den er das Reich der Seele nennt, verwendet. Und unter seinen ersten Skizzen befindet sich eine Darstellung der Psychosomatik, wo er eine Synthese zwischen widersprüchlichen Theorien betreffend die Wechselwirkung von Körper und Seele zu finden sucht, indem er sie im

---

71 Swedenborg nennt seine Quellen in *Oeconomia regni animalis*, Band 1, Einleitung, § 17f. (*The Economy of the Animal Kingdom*, I, New York: New Church Press, 1955, Seite 7–8).

72 Inge Jonsson, a.a.O., 1999, Seite 42ff.

73 *Psychologica: Being notes and observations on Christian Wolff's Psychologia Empirica*, by Emanuel Swedenborg. Übersetzt und (in bewundernswerter Weise) eingeleitet durch Alfred Acton, Philadelphia: Swedenborg Scientific Association, 2009 (1923). Swedenborg bezog sich auf Wolffs »Psychologia Rationalis« für »Die Seele und die Harmonie von Seele und Körper« (posthum), eine seiner »Psychological Transactions« von etwa 1742, Bryn Athyn: Swedenborg Scientific Association, 1984. Und in »Oeconomia Regni Animalis« ist die Bedeutung von Wolff noch immer offensichtlich.

Zusammenhang und als ein Ganzes sieht. Der Begriff Psychologie wird ausführlich behandelt in »Oeconomia Regni Animalis«, herausgegeben 1740–1741 (§§ 42, 579, 651), wo das abschließende Kapitel des ersten Teils explizit eine »Einführung in die rationale Psychologie« ist, die mit Worten beginnt, welche die psychosomatische Tätigkeit betonen: »Psychologie ist die Wissenschaft, die das Wesen und die Natur der Seele behandelt und die Art und Weise, wie sie in die Tätigkeiten ihres Körpers einfließt« (Oeconomia 579). Er unterstreicht dabei die Arbeit einer vitalen Kraft, welche sie steuert, die überall in ihren Funktionen präsent ist. Der interessanteste Aspekt dieser Darlegung ist aber Swedenborgs Versuch, eine vereinigende Theorie zu finden, durch welche die vorherrschenden philosophischen Ansichten der Seele-Körper-Wechselwirkungen kombiniert werden können und in gewissem Sinne alle richtig sind, da Kausaltheorien stumpfe Instrumente sind, Körper und Seele in Wirklichkeit als System handeln, als ein Ganzes in sich Verbundenes, und folglich beschreibt er diese Art von Harmonie in seinem psychophysischen Bericht. Indem er die Einrichtung des Reiches der Seele diskutiert, beschreibt er minuziös das Blut, die Arterien und Venen, das Herz und die Herzkranzgefäße, das Gehirn, die Bewegungen des Cerebrums in Harmonie mit der Atmung der Lungen, die Rindensubstanz und schließlich die menschliche Seele, inthronisiert an ihrem Sitz, von wo aus sie den Körper steuert.[74]

Sein Hauptthema ist Psychologie, wobei er den Begriff immer wieder verwendet, auch in der unvollendeten Reihe »Regnum Animale« (1744–1745), die eine komplette Übersicht über alle Teile des menschlichen Körpers bezweckte, Organ für Organ, betrachtet als System – Drüsen, Därme, Lymphen, Leber, Bauchspeicheldrüse, Milz, Nieren, Lungen, Herzbeutel, Thymus, Haut und Tastsinn, das Sensorium als Ganzes; in einem folgenden

[74] *Oeconomia regni animalis*, II:3, §§ 208–366. Für eine englische Übersetzung, siehe: *The Economy of the Animal Kingdom*, Band 2, New York: The New Church Press, 1955, Seite 5–60 (Einführung), und Seite 201–356.

inhaltsreichen Band untersucht er minuziös die Fortpflanzungsorgane. In einem posthum publizierten Manuskript besonderer Bedeutung mit dem Titel »Die fünf Sinne«, behandelt er alle Arten der Wahrnehmung und der Wahrnehmungssinne im Allgemeinen: Hören, Riechen, Sehen, Licht und Farbe – Teile, die für sich selbst von größtem Interesse sind, die Künstler, Wissenschaftler und Humanisten von Ernst Benz bis Clifford Curry begeisterten.[75] (Die Natur der Farben analysierte er bereits seit 1717, als er seine erste Abhandlung darüber verfasste, ein in Linköping aufbewahrtes Manuskript.)[76]

Irgendwo am Ende dieser langen Reihe von Büchern, würde die Seele in ihrer vollen Gestalt aus der Vielfalt der körperlichen Details und Funktionen auftauchen, aber der Autor beendete sein großartiges Projekt nie. Die sorgfältigste Abhandlung über Psychologie findet sind in einem unveröffentlichten Manuskript von 1742. Es ist nicht vollständig und trägt keinen Titel, aber es wurde posthum als »De Anima« (Von der Seele) und als »Rational Psychology« veröffentlicht. Dieses Werk fasst seine wichtigsten Entdeckungen zusammen und das komplexe System bleibt als Struktur oder Muster hinter all seinen späteren Offenbarungswerken bestehen. Dies ist nicht nur die Sicht skeptischer oder agnostischer schwedischer Gelehrter der Vergangenheit (wie Martin Lamm), sondern auch die des verstorbenen Hugo Ljungberg Odhner, vormals Professor der Theologie an der Academy of the New Church, der dieses Werk für »eine äußerst umfassende Analyse all dessen, was der menschliche Geist beinhaltet« hält, eine Ansicht, die implizit und explizit vom Swedenborgianer Harold F. Pitcairn übernommen wurde, der ein

---

[75] Ernst Benz, *Die Vision: Erfahrungsformen und Bilderwelt*, Stuttgart: Klett, 1969; Clifford Curry, *Beyond the Rainbow: Reflections on the Spiritual Significance of Colours*, London: Seminar, 1988.

[76] Norman Ryder (Hrsg.), *A Descriptive Bibliography of the Works of Emanuel Swedenborg*, Band 1, London: Swedenborg Society, 2010, Seite 304f., Eintrag (item) 22/11.

Sachregister zu diesem Werk zusammenstellte[77]. Auch der wortgewandte, neukirchliche Autor Alan Grange sah diese wissenschaftliche Psychologie als eine solide Grundlage der kommenden Offenbarungen und bezeichnete die Psychologie als eine »Magd der Religion«[78].

Unsere Folgerung ist offensichtlich: Swedenborg begab sich nicht eher auf seine innere, spirituelle Reise, bevor nicht die Grundlagen gelegt waren, und sein psychologisches System durchdringt seine Theologie. Es besteht Kontinuität und kein Bruch in Swedenborgs Leben und es überrascht nicht, dass er in fortgeschrittenem Alter erneut zur schwierigen und nie völlig erklärten psychosomatischen Wechselwirkung zurückkehrte, in einem 1769 in London publizierten Büchlein, einem seiner letzten Werke, »De Commercio Animae et Corporis«, wo das Problem schließlich durch eine spirituelle Lotterie gelöst wird, indem Papierzettel zufällig aus einem Hut gezogen werden, »was«, um William Ross Woofendens Formulierung zu verwenden, »die einzigartigste und einmaligste bisher gefundene Methode zu sein scheint, um mit diesem altehrwürdigen philosophischen Problem umzugehen«[79]. »Spiritual influx« (geistiger Einfluss) war der wichtigste Aspekt, aber Swedenborg war sich mehr als irgendein anderer der Wechselwirkung und des Austauschs zwischen äußeren und inneren Reizen sowie der Grenzen der gewöhnlichen Sprache und unseres Verständnisses bewusst.

---

77 Hugo Odhner, *The Human Mind, Its Faculties and Degrees: A Study of Swedenborg's Psychology*, Bryn Athyn: Swedenborg Scientific Association, 1969, Seite 58; *A Concordance of Selected Subjects treated in the Rational Psychology of Emanuel Swedenborg*, Bryn Athyn: Swedenborg Scientific Association, 1960, vgl. das Vorwort, Seite iii – »eine bemerkenswert vollständige Analyse der Funktionen und Zustände des Geistes und vieler anderer philosophischer Konzepte, die sonst nirgendwo gefunden werden können.«

78 Alan Grange, *Psychology as Servant of Religion: a Short Introduction to the Psychology of Swedenborg*, London: The Missionary Society of the New Church, 1970.

79 William Ross Woofenden, *Swedenborg Explorer's Guidebook*, West Chester: Swedenborg Foundation Publishers, 2008, Seite 196.

»De Anima« ist ein Werk über Psychodynamik, Psychosomatik, Physiologie, Triebe, Emotionen, Wahrnehmung, Vorstellung, Gefühlswahrnehmungen und Leidenschaften, Verstand, Intelligenz, Gedanken, Denken und Urteilen, und es behandelt insbesondere Themen wie Fröhlichkeit, Traurigkeit, Liebe und Hass, Leidenschaft, Angst und Furcht, Mut, Entrüstung, Wut und Hingabe, Scham und Neid, Bewusstsein, Wille, Neigungen, geerbte Eigenschaften und Temperamente.[80] Gelegentlich erinnert mich die Behandlung verschiedener Emotionen in diesem wunderbaren Werk an Swedenborgs gefühlvolle und sorgfältig gearbeitete Dissertation von 1709, die sein frühes Interesse an den menschlichen Empfindungen und Reaktionen zeigt, wie es auch ein nun verlorener Entwurf zu einer »Method to Analyze Feelings« tut, geschrieben 1714.[81]

Die Psychologin Carolyn Blackmer hält in einem ihrer gut fundierten Essays über Swedenborgs Psychologie fest, dass diese »Rationale Psychologie« ein gutes Beispiel für seinen charakteristischen pragmatischen Ansatz zu Fragen des Wachstums und Lernens sowie für »seine revolutionären Konzepte über die unbewussten Ebenen der seelischen Tätigkeit« sei. Und sie fügt die wichtige Bemerkung hinzu, dass der gesamte konzeptuelle

---

80 Ein typisches Beispiel ist die Beschreibung von Scham und ihrer Serie von sichtbaren psychologischen Reaktionen, wozu auch eine Analyse der »inneren Scham« auf tieferer Ebene gehört. (§ 262).

81 William Ross Woofenden, a.a.O., Seite 38. – In seiner *disputatio academica* in Uppsala, *L. Annaei Senecae & Pub. Syri Mimi forsan et aliorum selectae sententiae*, analysierte Swedenborg eine Auswahl römischer Maximen wie die folgenden: »Lieben und weise zu sein, wird Gott kaum zugestanden«, »Der habgierige Mensch ist selbst die Ursache seiner Not«, »Dem bekümmerten Gemüt nützt es nichts zu glauben«, »Was immer des Menschen Gemüt sich selbst befiehlt, bekommt es« – weil »das Gemüt der Führer des Körpers ist«; »Mut wächst beim Versuchen, Angst beim Zögern«; »Gut schläft der, der nicht fühlt, wie schlecht er schläft«. Die Aussage »Gott kann tatsächlich unterdrückt aber niemals ausgelöscht werden« regt zu einer bemerkenswerten Folgerung an: »Wegen des Neids bringt die Tugend selten den Dank der Lebenden, aber nach dem Tod leuchtet ihr höherer Ruhm auf und beginnt zu strahlen« (Siehe auch *The New Philosophy*, Band LXX, Nr. 1, Januar–März 1967, Seite 303–370).

Rahmen seiner theologischen Schriften schon zur Zeit, als er »Regnum Animale«, von dem die Rationale Psychologie ein Teil war, schrieb, entwickelt worden sei.[82] Von besonderem Interesse ist hier die Anmerkung über die unbewussten Prozesse des menschlichen Geistes, ein Thema, dass sie in einer anderen Abhandlung weiter verfolgte und worauf zurückzukommen es ausreichend Grund gibt[83].

Der Begriff, »das Unbewusste« wurde in England Mitte des 18. Jahrhunderts eingeführt, das heißt in Swedenborgs Londoner Zeit. In seinem gigantischen Buch über »Die Entdeckung des Unbewußten: Geschichte und Entwicklung der dynamischen Psychiatrie« erzählt Henri F. Ellenberger diese Geschichte und erwähnt Swedenborg beiläufig fünf Mal, weil dieser nämlich zwei verschiedene aber gleichwohl verbundene Realitäten, die übereinander angeordnet sind, lehrte (zwischen welchen beiden der große Mystiker sich hin und her bewegen konnte), und weil Swedenborg einer jener mystischen Vorläufer war, die Carl Gustav Jung als die Pioniere der Psychologie des Unbewussten bejubelte[84]. Jung verschlang Swedenborgs Werke in seiner Jugendzeit und nahm später in seinen Schriften über das kollektive Unbewusste und die Archetypen und explizit im »Tibetanischen Totenbuch« auf dessen Beobachtungen Bezug.

Leider erklärt Ellenberger nicht wirklich, in welcher Weise Swedenborg zur Entdeckung des Unbewussten, das verborgen bleibt, beitrug. In einem kürzlich erschienenen Werk über das Unbewusste versuchte Inga Sanner, die schwedische Ideenhistorikerin, dies zu tun, indem sie ihre Darstellung dieses geschichtli-

---

[82] Carolyn Blackmer, *On Reading Swedenborg*, New York: Swedenborg Foundation, 1974.

[83] »Swedenborg, Psychologist Extraordinaire«, in: Blackmer, *Essays*, 1991, Seite 21-54.

[84] Henri F. Ellenberger, *Die Entdeckung des Unbewußten: Geschichte und Entwicklung der dynamischen Psychiatrie*, 1996, Seite 247, 848, 891, 943, 983.

chen Prozesses mit einem Kapitel über Swedenborg begann[85]. Die wichtigsten Punkte in diesem Zusammenhang scheinen die folgenden zu sein: Swedenborg plädiert für eine Theorie einer inneren Entwicklung zu einer geistigen Bewusstheit jenseits der Vernunft, wo die Seele (anima) eine intuitive Fähigkeit auf einer höheren Ebene als das Verstehen und gewöhnliche Sprache beherbergt, welche lediglich über Analogien und Symbole erkannt werden kann. Zwischen unserer Vernunft und unserem Willen besteht ein Konflikt, ebenso wie zwischen unserem äußeren und unserem inneren Selbst. Wahre Selbstkenntnis ist nicht allgemein verbreitet und nur sehr wenige Menschen kennen ihre inneren Motive. Wir haben innere Barrieren, die uns oft veranlassen, eine Sache zu denken und eine andere zu tun, wodurch wir uns selbst betrügen und unsere Rationalität überschätzen. Um wahrhaftiger gegenüber unserer Natur und Seele zu sein, muss Harmonie zwischen Vernunft, Wille und Motiven bestehen, und die innere und äußere Persönlichkeit müssen integriert werden. Wir befassen uns hier mit unterschiedlichen Stadien und Aspekten von Bewusstsein, derer wir größtenteils unbewusst sind, und diese sind Teile unseres Selbst, die wir nicht kennen. Entwicklung oder geistige Wiedergeburt bedeutet, den unbewussten Teilen unserer Identität als Menschen näher zu kommen und sie uns bewusster und verständlicher zu machen, wodurch wir dem unbeschreiblichen Wesen der Seele näher kommen. Dieses ist in sich selbst spirituell und ein Zustand der Bewusstheit, wie dies sämtliche spirituellen Dimensionen sind, einschließlich der übersinnlichen Welten. Ein erhebliches Problem ist unsere überbewertete Intelligenz, da unsere willentlichen, vom Ich absorbierten Gedanken uns hierhin und dorthin treiben, und folglich sind gewisse Kinder weiser als alte Philosophen, sagt Swedenborg.

---

[85] Kapitel »Swedenborg och den andliga världen« (Swedenborg und die geistigen Welten) in: Inga Sanner, *Det omedvetena: Historien om ett utopiskt rum* (Das Unbewusste: Geschichten über einen utopischen Raum), Nora: Bokförlaget Nya Doxa, 2009, Seite 55–72.

Oder, um die »Rationale Psychologie« über Erkenntnis und natürliche Grenzen zu zitieren: »Erkenntnis (cognitio) ist die mittelbare Ursache, durch die man sich Wissen (scientia) verschafft, das der Ursprung der (verschiedenen) Lehren und Schulen ist.« (Rational Psychology 324, am Ende). Wissen ist eine langsame Frucht.

Abschließend sei gesagt, vielleicht haben wir nach alledem eines begriffen: Swedenborg schuf ein eindrückliches Werk über Psychophysiologie, Neurowissenschaft, Hirnfunktion, Wahrnehmung, Erkenntnis, Gedächtnis, Aufmerksamkeit, Emotion, Persönlichkeit, Verhalten und zwischenmenschliche Beziehungen. Swedenborg war einer der ersten, der ein komplettes psychologisches System darlegte, das all diese Aspekte umfasste.

DAS VERHÄLTNIS VON SEELE UND LEIB

Walter Dohse

Materialistische Auffassung

Ist alles Seelisch-Geistige nur Ergebnis von Vorgängen im physischen Leibe? Sind Gefühle und Gedanken nur Erzeugnisse unseres Gehirns? Aus materialistischer Sicht ist die Antwort ganz klar. Ist doch für sie die Materie der Grund und die Substanz aller Wirklichkeit. Dies gilt nicht nur für das Stoffliche, sondern auch für das Seelisch-Geistige.

Genauer gesagt, geht es hier um das Zusammenwirken von »Kraft und Stoff«, wie dies Ludwig Büchner in seinem gleichnamigen, erstmalig 1855 erschienenen Buch in populärer Form dargestellt hat. Grundlegend ist hier die naturwissenschaftliche Erkenntnis, dass Kraft ohne Stoff sowie Stoff ohne Kraft nicht »denkbar oder möglich« ist.

Dies wird dann auch auf das Verhältnis von Leib und Seele übertragen. Beides gehört danach eng zusammen. So ist ein menschlicher Leib nicht ohne Seele, Seele aber auch nicht ohne Leib denkbar oder möglich. Ein Glaube an eine persönliche Fortdauer der Seele nach dem Tode erscheint daher als Illusion; denn die Seele endet zugleich mit dem physischen Körper, da sie nur dessen Funktion ist.

Als Beweis für diesen Zusammenhang gelten u.a. die Folgen von Hirnverletzungen, indem durch Schädigungen bestimmter Teile des Gehirns einzelne Bereiche des seelischen Lebens, z.B. das Hören, das Sehen oder die Sprache, ganz ausfallen können. Erweist sich dadurch nicht das Seelische als bloße Auswirkung von lokalisierbaren Vorgängen im Gehirn? Kann man nicht den »Seelenapparat« mit einem elektrischen Telegraphensystem vergleichen, wie dies z.B. der Zoologe Ernst Haeckel in seinem Buch »Die Welträtsel« (1899) tut?

Kritische Einwände

Gegen eine solche Denkweise erheben sich jedoch einige wesentliche Bedenken. Wohl sind die Nerven gewissermaßen Leitungsdrähte, und im Gehirn als Zentralstation sind elektrische Ströme messbar; aber sind damit die geistigen Botschaften erklärt, die hier weitergeleitet werden und Aktionen auslösen, indem sich Willensimpulse in Handlungen umsetzen? Ist – um ein ähnliches Beispiel zu gebrauchen – die technische Einrichtung des Telefons die *Ursache* des Ferngesprächs? Wie kann Materielles zu Psychischem werden, Bewegung von Atomen zu Bewusstsein? Hat nicht Arthur Schopenhauer recht, wenn er den Materialismus als unzulässig ablehnt, weil er »die Philosophie des sich selbst vergessenden Subjekts ist«?

Gegen die Annahme, das Gehirn sei Ursprung und Sitz der Seele, sprechen gewisse Erfahrungen, die in neuerer Zeit immer mehr in den Blickpunkt gerückt und Gegenstand wissenschaftlicher Forschung geworden sind. Dazu gehört zunächst die Feststellung, dass die Funktionen geschädigter Hirnzonen durch andere Hirnbereiche übernommen werden können. So kann z.B. bei einem durch Verletzung des Sprachzentrums bedingten Sprachverlust (Aphasie) mit Hilfe eines systematischen Sprachtrainings die Sprache neu aufgebaut werden. Das Gehirn ist also mit einer Wachstafel zu vergleichen, auf die nach Bedarf wichtige Daten eingeschrieben, aber auch wieder gelöscht und neu geschrieben werden können.

Der völligen Abhängigkeit des Seelischen vom Gehirn widersprechen auch Berichte in medizinischen Zeitschriften, wonach in Einzelfällen die Sektion ergab, dass das Gehirn nur noch aus einer breiigen Masse bestand oder gar völlig ausgetrocknet war, obgleich das geistige Leben bis zum Tode keine Einbußen erlitten hatte.

Den eindeutigsten Beweis indessen, dass nicht das Gehirn der eigentliche Träger des Bewusstseins ist, dass dieses vielmehr unabhängig vom Gehirn in größter Klarheit fortbestehen kann, liefern die außerkörperlichen Erfahrungen in Todesnähe, die in jüngster Zeit immer mehr die Aufmerksamkeit auf sich gelenkt haben und eingehend untersucht worden sind. Ergaben hier doch Nachprüfungen, dass im Zustand des klinischen Todes trotz Herzstillstandes und Aufhörens der elektrischen Hirnaktivität, von einem Standpunkt außerhalb des Körpers aus der Wirklichkeit entsprechende Beobachtungen voll höchster Anschaulichkeit gemacht wurden, während anscheinender Bewusstlosigkeit also das Bewusstsein weiterhin lebendig blieb. Dies erweist die *Autonomie des Bewusstseins* mit dem das ganze Leben hindurch gleichbleibenden Ich-Bewusstsein als Wesenskern einer dem Leibe übergeordneten und diesen steuernden geistigen Wesenheit.

Auf die Unmöglichkeit, Bewusstseinsvorgänge materialistisch zu erklären, hat Friedrich Paulsen bereits 1892 in seiner »Einleitung in die Philosophie« hingewiesen: »In der Tat, es wird so sein: die Entstehung von Bewusstseinsvorgängen aus Bewegungsvorgängen einleuchtend zu machen, wird niemals gelingen. Gibt es in der Welt ursprünglich nichts als Atome und Bewegungen, so mag es an sich möglich sein, aus ihnen die ganze physische Welt mit allen ihren kosmischen und mikrokosmischen Gestaltungen und Bewegungen ohne Rest abzuleiten; eins aber wird nicht möglich sein: von hier aus verständlich zu machen, wie eine Anhäufung von Atomen, diese mögen so fein und ihre Anordnungen und Bewegungen so verwickelt sein als sie wollen, jemals dazu kommen sollte, über sich selbst und die Welt nachzudenken. Auch für den vollkommensten Verstand, der mit durchdringender Schärfe alle Verhältnisse der Atome durchschaut, müsste dies ein schlechthin unerwartetes Verhalten sein ... Und nicht minder überraschend wird es für ihn sein, wenn unter den unzähligen Anordnungen von Atomen, die durch den Mechanismus des Naturlaufs seit unendlicher Zeit entstehen und vergehen, irgend einmal eine Gruppe von Atomen auftritt, die ein Interesse an ihrer Erhaltung, ein inneres Widerstreben gegen ihre Auflösung zeigt. Der Wille zum Leben ist für den, der die Welt aus Atomen, die nichts als Ausdehnung und Bewegung zu ursprünglicher Wesensbestimmung haben, zu konstruieren unternimmt, ein ebenso seltsames Ergebnis des Naturlaufs, als das Bewusstsein und Denken.«

Materie und Geist

So einfach, wie dies hier erscheint, ist indessen die Sachlage und damit die Auseinandersetzung mit dem Materialismus nicht. Erhebt sich doch die Frage: Was ist denn überhaupt Materie letztlich? Ist das Miteinander von Materiellem und Seelischem nur auf die organische Welt beschränkt? Sind nicht vielleicht alle Dinge *psychophysische* Wesen, in denen sich Materie und Geist verbinden? Ist in den Atomen keimhaft auch schon ein Innenleben vorhanden? Wohnen der Materie auch seelisch-geistige Kräfte inne?

Zeigt nicht die anorganische Materie in sich ordnende Fähigkeiten, z.B. wenn ein gefrierender Wassertropfen sich zu einer zierlichen Eisblume umbildet? Zeigen sich nicht ganz allgemein spontane Regsamkeit und innere Dynamik in jedem Atom? Ist die Materie mehr als nur ein ausgedehntes und energiegeladenes Etwas? Entsprechen dem äußeren Kräftespiel innere Vorgänge? Sind hier Anziehung und Abstoßung etwas Ähnliches wie Liebe und Hass, wie schon der griechische Philosoph Empedokles meinte?

Die atomistische Theorie des Bewusstseins, wonach Bewusstsein eine Elementareigenschaft aller Atome darstellt, ist die radikalste Konsequenz des Materialismus, um auch das Geistige aus der Materie als dem einzig Wirklichen erklären zu können. Jedes chemische Element hätte danach sein eigenes Bewusstsein: jedes Wasserstoffatom sein »hydrogenes« Bewusstsein, jedes Kohlenstoffatom sein »karbonisches« Bewusstsein. Trotz seiner weitgehend materialistischen Grundhaltung hält jedoch Ernst Haeckel diese Hypothese für unbegründet, weil »das Bewusstsein an einen hohen Grad von Differenzierung und Zentralisation des Nervensystems gebunden ist, wie beim Menschen und einem Teile der höheren Wirbeltiere«.

Schränken wir indessen die hier vorliegende Problematik nicht ein auf die Beziehung zwischen Materie und Bewusstsein, sondern dehnen sie aus auf diejenige zwischen Materie und Seele, dann würde die Auffassung, dass diese im Grunde identisch sind, oder zumindest einander parallel laufen, letztlich zur Annahme einer *Allbeseelung* führen. Damit würden dann alle sonst für wichtig gehaltenen Unterschiede zwischen dem organischen und dem anorganischen Bereich der Natur fortfallen, da ja *alles* beseelt ist – auch der Stein.

Berücksichtigt man dabei die überall zu beobachtende Eingliederung des Elementaren in übergeordnete Ganzheiten, gelangen wir zu noch weitergehenden Konsequenzen. So sind z.B. die Zellen in den Leib eingeordnet, dieser wiederum in das Gesamtleben unseres Planeten, dieses wiederum in umfassende kosmische Einheiten des Alls. Wenn es sich hier nun überall um psychophysische Ganzheiten handelt, ist es da nicht logisch anzunehmen, dass auch die Erde eine eigene Seele besitzt, wie auch die Sonnen und letztlich der gesamte Kosmos?

Bekanntlich hat sich Gustav Theodor Fechner, der Begründer der Psychophysik, insbesondere in seinem Buch »Zend Avesta, oder über die Dinge des Himmels und des Jenseits« (zuerst 1851) für diese Auffassung leidenschaftlich eingesetzt.

Schlussstein einer solchen Betrachtungsweise ist folgerichtig der Gedanke einer *Weltseele*, deren Leib der gesamte Kosmos ist. So führt also in letzter Konsequenz auch die materialistische Gleichsetzung von Materie und Seele bzw. Geist in das Reich der »Götter«, aufsteigend von dem »Erdgeist« und den Seelen der übrigen Gestirne bis hin zur kosmischen Weltseele.

Zugang zur Wahrheit

Wie sind diese Ansichten zu beurteilen? Können wir hier überhaupt den wahren Sachverhalt erfassen? Hat uns Kants Erkenntniskritik nicht eindeutig die Grenzen der Wahrheitsfindung gezeigt? Können wir doch danach nur die sinnlichen Erscheinungen erkennen, nicht aber ihr eigentliches Wesen, das »Ding an sich«. Indessen hat uns Schopenhauer aus dieser Sackgasse geführt durch seinen Hinweis, dass wir an einer Stelle immerhin einen Zugang zum »Ding an sich« besitzen: durch die unmittelbare Erfahrung unseres eigenen Selbstes, das ja auch ein »Ding an sich« ist.

Öffnet sich nicht in der Tat in unserem Seelengrund ein Tor zum Innersten der Welt? Sind wir hier nicht mit dem Herzen aller Dinge verbunden? Erfahren wir hier nicht unmittelbar den Wesensgrund der Welt? Haben wir nicht in der Tiefe unserer Seele ein Gespür dafür, was wirklich und wahr ist, wenn sie nicht zugeschüttet ist durch Vorurteile, starre Dogmen und den Sand der Oberfläche des Seins? Ist es nicht dieses lebendige Gefühl, das uns den Blick schärft für das Wunder des Lebens, als dessen größtes wir unser Bewusstsein erkennen?

Dieses Gefühl entspringt ganz offensichtlich dem Geistigen in uns, das sich im Zuge all unseres Fragens und Denkens seiner selbst immer bewusster wird. Dieses wachsende Selbstbewusstsein unseres Geistes ist es auch, das sich immer energischer gegen alle einseitigen materialistischen Erklärungen zur Wehr setzt, weil sie seinem wahren Wesen widersprechen.

Swedenborgs Offenbarungen zu dieser Frage

Bei Swedenborg steht die Frage des Verhältnisses von Leib und Seele im Zusammenhang mit seinem Ringen um das Rätsel der Verknüpfung zwischen Endlichem und Unendlichem. Ausgehend von seinen naturwissenschaftlichen Studien, machte er hier eine bedeutsame Entwicklung durch. Er versuchte zunächst, die Seele rational-psychologisch als endlich zu erfassen, scheiterte aber damit. In einer in London im April 1745 erlebten Vision löste sich dann diese Spannung zugunsten des Geistigen und Göttlichen: Er sah die selbständige Existenz der Seele.

Swedenborg erkennt nunmehr, dass der Einfluss vom Göttlich-Geistigen her das Primäre ist: Was »von Gott her einfließt, das fließt zunächst in seine Seele (anima) ein, durch die Seele in das vernünftige Gemüt und durch dieses in das, was den Körper bildet; wenn jemand in anderer Weise nach dem geistigen Einfluss forscht, so ist er wie der, welcher die Ader einer Quelle verstopft und doch daselbst einfließendes Wasser sucht; oder wie der, welcher die Entstehung des Baumes aus der Wurzel und nicht aus dem Samen ableitet; und auch wie der, welcher das Abgeleitete ohne seinen Ursprung betrachtet.«

Wie im Werdegang der gesamten Natur geht auch hier der Weg von oben nach unten. In diesem Zusammenhang ist die »anima«, das intuitive Seelenvermögen, zugleich Wirkungszentrum und Organ des höchsten Lebens, durch das die Verbindung mit Gott in erster Linie hergestellt wird.

So ist der Mensch »nicht selbst Leben, sondern ein Organ, das Leben von Gott aufnimmt«. Dies bedeutet zugleich: »Mit dem Einfließen aus der geistigen Welt in den Menschen verhält es sich im allgemeinen so, dass der Mensch nichts denken und nichts wollen kann von sich, sondern dass alles einfließt, das Gute und Wahre vom Herrn durch den Himmel, somit durch die Engel, die beim Menschen sind, das Böse und Falsche von der Hölle, somit durch die bösen Geister, die beim Menschen sind; und zwar in das Denken und Wollen des Menschen.«

Diese Priorität des Geistigen im Lebensgeschehen wird bedeutsam für das Verhältnis zum *Leib*: »Wer es gehörig erwägt, kann wissen, dass der Körper, weil er materiell ist, nicht denkt, sondern die Seele, weil sie geistig ist; die Seele des Menschen ... ist sein Geist; ... alles geistige Leben daher, das im Körper erscheint, gehört ihm und nichts davon dem Körper an; denn der Körper ist materiell, und das Materielle, welches das Eigentümliche des Körpers ist, ist dem Geiste nur beigefügt und beinahe wie beigebunden, zu dem Ende, dass der Geist des Menschen sein Leben führen und Nutzen schaffen könne in der natürlichen

Welt.« Dies macht offenbar, »dass alles, was bei dem Menschen lebt, seinem Geist angehört, und dass der Körper diesem nur dient, ganz wie ein *Werkzeug* der lebendigen Bewegkraft.«

Dies wird bedeutsam für das Schicksal des Menschen nach dem Tode; denn daraus, dass der Mensch an sich ein Geist ist, folgt, »dass, wenn der Körper von seinem Geist abgetrennt wird, was man Sterben nennt, der Mensch dennoch Mensch bleibt und lebt.«

Dabei gewinnt zugleich das Verhältnis von Leib und Seele eine neue Dimension. Swedenborg betont nämlich: »Der Mensch kann nicht denken und nicht wollen, wofern nicht eine *substantielle Unterlage* da ist, aus der und in der es geschieht; was vermeintlich existieren soll ohne substantielle Unterlage, das ist ein Nichts; man kann dies daraus wissen, dass der Mensch ohne Organ, das die Unterlage seines Gesichtssinnes ist, nicht sehen, und ohne ein Organ, das die Unterlage seines Gehörsinnes ist, nicht hören kann; ... woraus erhellen kann, dass der Geist des Menschen, wenn er vom Körper getrennt ist, ebenso eine *Gestalt* hat, und dass diese Gestalt die menschliche ist, und dass er ebenso wohl Sinnesorgane und Sinne hat, wie da er noch in jenem Körper war, und dass alles Leben des Auges und alles Leben des Ohres, kurz alles Leben der Sinne, das der Mensch hat, nicht seinem Körper, sondern seinem Geist angehört, der in jenen und im Einzelnsten derselben ist; daher kommt, dass die Geister ebenso gut wie die Menschen sehen, hören und empfinden, jedoch nach der Trennung vom Körper nicht (mehr) in der natürlichen, sondern in der geistigen Welt; dass der Geist, solange er im Körper war, in natürlicher Weise empfand. Gleichwohl jedoch empfand er damals auch zugleich geistig, indem er dachte und wollte.«

So hat also auch die Anima, die Geistseele, einen Leib. Sie besitzt eine feinstoffliche Gestalt mit räumlicher Ausdehnung. Ihr geistiges Fluidum ist wirksam in allen Geweben des Körpers, aus dessen Zellen sie sich die Instrumente ihrer Betätigung erbaut. Erst im Tode wird sie in ihrer inneren Geistgestalt frei, wobei sie das Bild ihrer Leiblichkeit beibehält. Dies wird dann der Ausgangspunkt für das weitere Schicksal der Geistseele in der jenseitigen Welt.

Damit gelangt Swedenborg zu ähnlichen Anschauungen, wie sie in unserer Zeit die grenzwissenschaftliche Forschung entwickelt hat. Es ist die wachsende Einsicht, dass auch die Geistseele einen Leib besitzt, indessen mit einer feineren Stofflichkeit als diejenige des materiellen Leibes, dass dieser, als »Ätherleib« oder »Astralleib« bezeichnete Seelenleib der eigentliche Träger des Bewusstseins und aller Wahrnehmungsorgane ist und, wie die Sterbeforschung ergeben hat, auch unabhängig vom physischen Leibe existieren kann und daher vermutlich den Tod überdauert.

Ergebnis

Unsere Überlegungen führen zu folgenden Schlussfolgerungen:

1. Seelisches und Geistiges erscheinen zwar in Verbindung mit Materiellem, sind aber keineswegs nur Eigenschaften oder Funktionen der Materie. Erwiesen ist lediglich, dass in der atomaren Struktur kleinste Teile durch elektromagnetische und nukleare Kräfte zusammengehalten werden, dass die Materie also Träger und Begegnungsstätte von Energien und Bewegungen ist.

2. Zwar zeigen sich in der Materie auch ordnende Kräfte – am ausgeprägtesten bei der Kristallbildung. Doch reichen diese niemals aus, um komplizierte, sich selbst zweckorientiert aufbauende, selbsttätig funktionierende und sich vermehrende Lebewesen entstehen zu lassen. Noch weniger können die streng nach Gattungen und Arten voneinander geschiedenen typischen Lebensformen materialistisch erklärt werden. Diese offenbaren vielmehr die Ausrichtung nach vorgegebenen *Ideen*, nach Urbildern lebendigen Seins, die niemals der Materie als solcher innewohnen können, da sie – im Gegensatz zum elementaren Charakter der Materie – übergeordnete Ganzheiten darstellen, die

nur Ergebnisse intelligenten schöpferischen Gestaltens sein können, also einer höheren Dimension des Seins entstammen.

3. Wer *monistisch* Körper und Seele, Welt und Gott als Einheit auffasst, wie dies z.B. Ernst Haeckel tut, verkennt das hier in Wirklichkeit bestehende *Prioritätsverhältnis*. Dies gilt auch für die Beziehung zwischen Gehirn und Seele. Das Gehirn ist zwar die Zentrale für alle seelischen und geistigen Vorgänge in dem zu ihr gehörenden Körper, aber nicht ihre *Ursache*. Vielmehr hat sich eine geistige Wesenheit das Gehirn als sein *Werkzeug* erbaut. Das Gehirn ist das Instrument, das der Geist für seine Zwecke im irdischen Bereich benutzt, ähnlich dem Spiel eines Musikers. Dieser Vergleich macht überdies deutlich, wie abhängig der Spieler von dem Zustand seines Instruments ist. Wird dieses beschädigt, ist der Spieler ernsthaft behindert – ebenso hemmt ein verletztes Gehirn die Tätigkeit des Geistes. Der Spieler aber bleibt und sucht nach neuen Ausdrucksmöglichkeiten.

4. Die menschliche Seele ist ihrem innersten Wesen nach unsterblicher Geist, in den Einflüsse aus geistigen Sphären einströmen – im Guten wie im Bösen. Es besteht hier indessen ein Gleichgewicht zwischen den polaren Gegensätzen, denen der Mensch gegenübergestellt ist, so dass eine freie Entscheidung möglich ist, welchen Einflüssen er seine Seele öffnen will.

5. Seelisch-Geistiges bedarf indessen einer *substantiellen Grundlage*. Die Seele besitzt daher gleichfalls eine leibliche Gestalt. Offenbar handelt es sich beim lebendigen Organismus sogar um ein Gefüge von Leibern unterschiedlicher stofflicher Dichte.

6. Die mit einer feinstofflichen Gestalt ausgestattete menschliche Seele überdauert den Tod. Ihr Schicksal in einer geistigen Welt wird entscheidend bestimmt durch die im irdischen Bereich betätigte Gesinnung, indem durch geistig-seelische Anziehungskräfte die Guten und Bösen jeweils zu Ihresgleichen hingezogen werden.

SWEDENBORG IM KONTEXT DES LEIB-SEELE-PROBLEMS

von Thomas Noack

Schon Gerhard Gollwitzer wählte für seine Übersetzung von »De Commercio Animae et Corporis« den Untertitel »Emanuel Swedenborgs Gedanken zum Leib-Seele-Problem«. Gollwitzer stellte Swedenborgs Schrift also in in den Kontext eines der ältesten Probleme der Philosophie. Ich habe diese Anregung übernommen. Daran schließt sich nun aber die Aufgabe an, diesen Kontext auszuleuchten und Swedenborgs Standpunkt darin zu bestimmen. Den Ausgangspunkt müsste die griechische Philosophie bilden, insbesondere Platon und Aristoteles. Dann käme die Zeit Swedenborgs, das 17. und 18. Jahrhundert, die Positionen von Descartes und Leibniz. Und dann wäre natürlich auch die Entwicklung seit Swedenborg über Kant bis in die Gegenwart von Interesse. Dieses umfangreiche Programm kann ich nicht abarbeiten. Ich möchte aber schlaglichtartig Antworten auf die folgenden Fragen geben: Wie ist Swedenborgs Standort aus einer heutigen Perspektive zu beschreiben? Welche Besonderheiten weist seine Konzeption auf? Und wie lässt sich seine Position weiterentwickeln und in den gegenwärtigen Diskurs einbringen?

Um Swedenborgs Standort bestimmen zu können, brauchen wir eine philosophische Landkarte, das heißt eine Übersicht aller Standpunkte. Diese liefert uns der Philosoph Ansgar Beckermann, indem er die vier Hauptpositionen zum Leib-Seele-Problem zusammenstellt: 1. den Substanzdualismus, 2. den Substanzphysikalismus, 3. den Eigenschaftsdualismus und 4. den Eigenschaftsphysikalismus. Die wesentlichen Inhalte dieser Positionen sind die folgenden: Der Substanzdualismus behauptet: »Jeder Mensch hat neben dem Körper auch eine Seele; diese Seele ist eine immaterielle, vom Körper unabhängige Substanz, die das eigentliche Selbst des Menschen ausmacht und die auch ohne den Körper nach dessen Tod weiter existieren kann.« Der Substanzphysikalismus behauptet: »Der Mensch ist wie alle anderen Lebewesen ein durch und durch physisches Wesen; es gibt keine vom Körper unabhängige immaterielle Seele.« Der Eigenschaftsdualismus behauptet: »Mentale Eigenschaften sind in dem Sinne ontologisch selbstständig, dass sie weder selbst physische Eigenschaften sind noch auf solche Eigenschaften reduziert werden können.« Der Eigenschaftsphysikalismus behauptet: »Mentale Eigenschaften sind allem Anschein zum Trotz doch physische Eigenschaften oder auf physische Eigenschaften reduzierbar.«[86] Ich beschränke mich auf die Unterscheidung zwischen Substanzdualismus und Substanzphysikalismus und spreche daher manchmal auch vereinfachend von Dualismus und Physikalismus. Beckermann verwendet den Begriff »Physikalismus«, nicht »Materialismus« oder »Naturalismus«. Zur Aufhellung des Hintergrunds sei der Philosoph Geert Keil zitiert: »Physikalismus ist eine Anfang der 30er Jahre von Mitgliedern des Wiener Kreises, vor allem von Carnap und Neurath, vertretene reduktionistische Position, die sich im Unterschied zum klassischen Materialismus nicht als ontologische, sondern als sprachtheoretische versteht. Die zentrale These des Physikalismus ist die der Übersetzbarkeit aller sinnvollen Sätze in eine physikalische Universalsprache der Wissenschaft.«[87]

Swedenborg ist angesichts dieser möglichen Positionen ein Vertreter des Substanzdualismus. Denn »die Seele ist eine geistige Substanz (substantia spiritualis)«[88] oder, wie man auch sagt, eine immaterielle Substanz. Und der Körper ist »eine materielle Substanz (substantia materialis)«[89]. Der Mensch wird nach dem Tode fortleben, denn hinsichtlich seiner Seele ist er »unsterblich

---

[86] Die vier Zusammenfassungen der Hauptpositionen finden sich in Ansgar Beckermann, *Das Leib-Seele-Problem: Eine Einführung in die Philosophie des Geistes*, 2008, Seite 20 und 21.

[87] Geert Keil, *Kritik des Naturalismus*, 1993, Seite 33.

[88] *Die Wechselwirkung zwischen Seele und Körper* 1.

[89] *Himmlische Geheimnisse* 3726.

(immortalis)«[90]. Swedenborg befindet sich mit dieser Position in Übereinstimmung mit seiner Zeit, denn in der frühen Neuzeit, der Zeit zwischen Descartes und Kant, ist der Substanzdualismus vorherrschend.

Innerhalb der dualistischen Position muss man sich für eine von drei oder vier Unterpositionen entscheiden, je nach der Antwort auf die Frage, welche Beziehung zwischen der nicht-physischen Seele und dem physischen Leib besteht.[91] Die Zeitgenossen Swedenborgs diskutierten drei Antworten. Ich präsentiere sie hier anhand einer Zusammenfassung des lutherischen Theologen Johann Georg Abicht (1672–1740), der 1729 seine »Disputatio De Commercio Animae Et Corporis« herausgab. Sie beginnt mit den folgenden Worten:

> »Fest steht, dass von den Gelehrten sehr viele Abhandlungen über die Wechselwirkung zwischen Seele und Körper angefertigt worden sind, deren Besprechung ich (hier) für überflüssig erachte. Einige glaubten: Weder sei die Seele im Körper tätig, noch der Körper in der Seele, aber die Seele gebe wenigstens die Gelegenheit (occasionem), damit Gott im Körper (das) mache, was sie will, und der Körper gebe die Gelegenheit (occasionem), damit Gott dem Gemüt (menti) bekannt mache, was im Körper geschehe. Daher ist das System der Gelegenheitsursachen (systema Causarum occasionalium) entstanden, das Descartes zugeschrieben wird. Andere meinten: Die Seele beeinflusse den Körper und der Körper die Seele, und durch die physische Bewegung beider werden die Tätigkeiten hervorgebracht. Das nannten sie das System des Einflusses (systema influxus), sein Urheber ist Aristoteles. Wieder andere haben schließlich das System der prästabilierten Harmonie (systema Harmoniae praestabilitae) erdacht und gelehrt, wonach weder die Seele im Körper noch der Körper in der Seele tätig sei, sondern der Körper nach den Gesetzen der Wirkursachen bewegt werde und die Seele nach den logisch-sittlichen Gesetzen und aus den allerweisesten Beschlüssen Gottes tätig sei, und die Willensakte der Seele harmonisch auf die Tätigkeiten und Empfindungen des Körpers antworten. Diese Hypothese hat Leibniz eingeführt.«

---

90 *Himmlische Geheimnisse* 8944.

91 Siehe Ansgar Beckermann: »Jeder, der die Auffassung vertritt, dass Menschen außer einem Körper auch einen von allen körperlichen Dingen verschiedenen nicht-physischen Geist besitzen, muss die Frage beantworten, welche Beziehung zwischen Geist und Körper besteht.« (*Das Leib-Seele-Problem: Eine Einführung in die Philosophie des Geistes*, 2008, Seite 38).

Abicht nennt also »das System der Gelegenheitsursachen« nach Descartes, »das System des Einflusses« nach Aristoteles und »das System der prästabilierten Harmonie« nach Leibniz.

Aus heutiger Sicht sind vier Theorien zu nennen: 1. der interaktionistische Dualismus oder kurz der Interaktionismus 2. der Parallelismus, 3. der Okkasionalismus und 4. der Epiphänomenalismus, der erst im 19. Jahrhundert unter dem Eindruck neuer Ergebnisse in den Naturwissenschaften entstand. Die wesentlichen Inhalte dieser Theorien sind die folgenden: Der Interaktionismus behauptet: »Physische Zustände (z.B. Gewebeverletzungen) verursachen mentale Zustände (z.B. Schmerzen), aber auch mentale Zustände (z.B. Wünsche) verursachen physische Zustände (z.B. Körperbewegungen).« Der Parallelismus behauptet: »Es gibt einen systematischen Zusammenhang zwischen physischen und mentalen Zuständen; aber dieser Zusammenhang beruht nicht auf einer Kausalbeziehung, sondern auf einer ›prästabilierten Harmonie‹. Gott hat es so eingerichtet, dass Zuständen im Körper Zustände im Geist entsprechen und umgekehrt, so wie ein Uhrmacher, der zwei Uhren synchronisiert, dafür sorgt, dass sie beide dieselbe Zeit anzeigen, ohne dass zwischen ihnen ein kausaler Zusammenhang bestünde.« Der Okkasionalismus behauptet: »Der systematische Zusammenhang zwischen physischen und mentalen Zuständen beruht weder auf einer direkten Kausalbeziehung noch auf einer ›prästabilierten Harmonie‹, sondern darauf, dass Gott jeweils anlässlich bestimmter Zustände im Körper die entsprechenden Zustände im Geist hervorbringt bzw. anlässlich bestimmter Zustände im Geist die entsprechenden Zustände im Körper verursacht.« Der Epiphänomenalismus behauptet: »Zustände im Geist einer Person werden zwar durch Zustände im Körper verursacht, haben aber selbst niemals Wirkungen auf ihren Körper.«[92] Das Bewusstsein ist nur

---

[92] Ansgar Beckermann, *Das Leib-Seele-Problem: Eine Einführung in die Philosophie des Geistes*, 2008, Seite 42f.

eine Begleiterscheinung – ein Epiphänomen – der Vorgänge im Gehirn.

Auch Swedenborg fasste die Diskussion zusammen, indem er seine Publikation von 1769 mit dem Worten beginnen lässt: »Über die Wechselwirkung zwischen Seele und Körper, das heißt über die Tätigkeit des einen im anderen und des einen mit dem anderen, gibt es drei Ansichten und Überlieferungen, die Hypothesen sind: den physischen Einfluss, den geistigen Einfluss und die prästabilierte Harmonie.«[93] Innerhalb dieser Aufbereitung und Darstellung der Diskussionslage entschied er sich bekanntlich für den geistigen Einfluss.

Da dieselben Sichtweisen zum Teil unterschiedliche Namen bei Abicht, Beckermann und Swedenborg haben, muss zunächst auf die folgende Beziehung hingewiesen werden: 1. Das »System des Einflusses« bei Abicht, der »Interaktionismus« bei Beckermann und der »physische Einfluss« bei Swedenborg sind identisch. 2. Das »System der prästabilierten Harmonie« bei Abicht, der »Parallelismus« bei Beckermann und die »prästabilierte Harmonie« bei Swedenborg sind ebenfalls identisch. 3. Und auch das »System der Gelegenheitsursachen« bei Abicht, der »Okkasionalismus« bei Beckermann und der »geistige Einfluss« bei Swedenborg, von dem er selbst sagt, dass er von einigen auch okkasionaler genannt wird[94], sind identisch.

Diese Beziehungen bestehen ganz offensichtlich, gleichwohl gilt die Identität, insbesondere was Swedenborg angeht, nur mit Einschränkungen. Denn primär ist seine Darstellung nicht als eine Beschreibung fremder Ideen anzusehen, sondern als eine eigene Systematisierung[95], freilich auf der Grundlage der zeitgenössi-

---

93 *Die Wechselwirkung zwischen Seele und Körper* 1.

94 *Die Wechselwirkung zwischen Seele und Körper* 1.

95 Das systematisierende Interesse wird am Ende von *Wechselwirkung zwischen Seele und Körper* 1 deutlich. Dort heißt es: »Außer diesen drei Meinungen über die Wechselwirkung zwischen Seele und Körper ist keine vierte denkbar, denn entweder ist die Seele im Körper oder der Körper in der Seele tätig oder beide sind immer zugleich tätig.« Diese drei Positionen sind systematisch voll-

schen Diskussion wie sie etwa von Abicht zusammengefasst worden ist. Friedemann Stengel hat daher zu Recht darauf aufmerksam gemacht, dass bei den von Swedenborg genannten Modellen »bereits Interpretationen und Modifikationen vorliegen. So ist der aristotelische *influxus physicus* zeitgenössisch nicht nur in einer Richtung verstanden worden, sondern als ein wechselseitiger Einfluss ... Ebenso wenig kann im cartesianischen Okkasionalismus ohne weiteres von einem *influxus spiritualis* in der von Swedenborg dargestellten Weise die Rede sein. Die beiden Substanzen Körper und Geist liegen vielmehr so weit auseinander, dass nur der Eingriff Gottes für ihr Zusammenwirken sorgen kann ... Aber auch Leibniz' prästabilierte Harmonie wird von Swedenborg nur verkürzt wiedergegeben, wenn unerwähnt bleibt, dass die Einheit von Körper und Geist nach Leibniz von Beginn der Schöpfung an besteht, das immer wieder geschehene Wunder bei Descartes also auf den Zeitpunkt der Schöpfung zurückverlegt worden ist.«[96]

Swedenborgs Standpunkt im Meinungsspektrum des Leib-Seele-Problems ist nach alledem also so zu bestimmen: Er ist ein Vertreter des Substanzdualismus, der die Position eines geistigen Einflusses vertritt.

Dabei empfindet er offensichtlich keinen Widerspruch zum Okkasionalismus, denn er schreibt ja, dass der geistige Einfluss »von einigen auch okkasionaler«[97] genannt wird. Vermutlich denkt er hierbei an das relative Eigenleben des physischen Organismus, das dem geistigen Einfluss die Gelegenheiten darbietet, um in die äußere Wirklichkeit übergehen zu können. Beach-

---

ständig, wenn man davon ausgeht, dass der Einfluss nur in eine Richtung gehen kann. Andernfalls wäre auch noch die Meinung denkbar, dass sowohl die Seele im Körper als auch der Körper in der Seele tätig ist. Das wäre der Interaktionismus.

96 Friedemann Stengel, *Swedenborg als Rationalist*, in: Aufklärung und Esoterik: Rezeption – Integration – Konfrontation, Herausgegeben von Monika Neugebauer-Wölk, 2008, Seite 150f.

97 *Die Wechselwirkung zwischen Seele und Körper* 1.

tenswert ist eine Aussage in *Wahre Christliche Religion* 154. Swedenborg ergänzt dort das »commercium animae et corporis« um das Adjektiv »mutuum«, das heißt »wechselseitig«. Und was damit gemeint ist, sagt er gleich anschließend: »Die Seele wirkt im Leib (in corpore) und auf den Leib (in corpus), aber nicht durch den Leib (per corpus). Der Leib hingegen wirkt *aus sich* von der Seele her (ex se ab anima).« Diese Aussage lässt Raum für die organische Eigentätigkeit des Leibes. Bemerkenswert ist auch, was der ehemalige Gehirnforscher in *Wechselwirkung zwischen Seele und Körper* 12 schreibt: »Dem unversehrten oder krankhaft veränderten Zustand dieser Gehirnteile gemäß denkt und will der Mensch gesund oder ungesund; vernünftig und moralisch ist er daher je nach der organischen Bildung seines Mentalbereichs.« Das Physische übt somit einen sehr entscheidenden »Einfluss« auf das Nicht-Physische aus. Diese Feststellung hat Konsequenzen in Bezug auf die Auseinandersetzung mit den Ergebnissen der Gehirnforschung.

Der Begriff »Dualismus« ruft dem Wortsinne entsprechend die Vorstellung einer Zweiheit hervor. Diese Zweiheit taucht im Titel des Werkes in Gestalt von Seele und Körper auf. Wenn man das Werk dann aber liest, dann bemerkt man sehr schnell, das wenigstens noch ein drittes Element eine ganz entscheidende Rolle spielt, es heißt »Mens«. Ich habe es in meiner Übersetzung von »De Commercio« mit »das Mentale« und »der Mentalbereich«, gelegentlich auch mit »der (menschliche) Geist« oder »das Gemüt« wiedergegeben. Das Mentale steht zwischen Seele und Körper als vermittelnde Instanz. Swedenborg schreibt: »Jeder Mensch besteht aus Seele, Mentalbereich und Körper. Die Seele ist sein Innerstes, das Mentale ist das Mittlere (medium) und der Körper das Äußerste.«[98] Der Einfluss ergießt sich nicht *unmittelbar* von der Seele in den Körper, sondern nur *mittelbar* durch den Mentalbereich. Nochmal Swedenborg: »Der von Gott kommende Einfluss ergießt sich zunächst in die Seele, dann durch sie in

---

98 *Eheliche Liebe* 158.

das rationale Mentale und dadurch schließlich in das, was den Körper bildet.«[99] Das Mentale ist eng mit dem Gehirn verbunden, das sein Sitz ist, was Swedenborg an mehreren Stellen auch noch seines theologischen Werkes ausdrücklich sagt.[100] Er kann sogar sagen: »Vom Gehirn leitet sich der Ursprung des gesamten Lebens eines Menschen her«[101]. Die Herausarbeitung der vermittelnden Funktion des Mentalbereichs dürfte daher auf seine überaus gründliche Gehirnforschung zurückgehen. Es wäre zu untersuchen, inwiefern »Mens« bereits in den zeitgenössischen Abhandlungen über das Leib-Seele-Problem eine Rolle spielte.

Swedenborg schreibt sein Werk über »die Wechselwirkung zwischen Seele und Körper« in seiner Zeit als Visionär und Theologe. Das hebt es weit über ein nur psychologisches oder philosophisches hinaus. Der Visionär spricht dort, wo von der geistigen Welt, der geistigen Sonne und den Graden die Rede ist; auch die Denkwürdigkeit am Ende des Werkes geht auf das Konto des Visionärs. Und der Theologe spricht dort, wo Gott als integraler Bestandteil des Leib-Seele-Problems thematisiert wird. Hervorzuheben ist insbesondere die Erkenntnis, dass der allereigentlichste Ursprung des geistigen Einflusses keineswegs die Seele ist. Diese ist auch nur ein aufnehmendes Wesen für den von Gott ausgehenden Strom des Lebens. Swedenborg erblickt darin eine besondere Note seines Werkes, denn er schreibt: »Ein geistiger Einfluss *von* der Seele in den Körper ist uns bereits von scharfsinnigen Geistern überliefert, nicht aber ein Einfluss *in* die Seele und durch sie in den Körper«[102]. Das Leib-Seele-Problem ist somit in den großen Lebenszusammenhang eingebunden, der ausgehend von Gott gewebt wird, und daher theologisch qualifiziert ist. Bezeichnend für den theologischen Charakter des Werkes ist schließlich auch die Schlusssequenz. Swedenborg berichtet,

---

99 *Die Wechselwirkung zwischen Seele und Körper* 8.

100 *Himmlische Geheimnisse* 4054, *Göttliche Liebe und Weisheit* 273, *Wahre Christliche Religion* 351.

101 *Enthüllte Offenbarung* 347.

102 *Die Wechselwirkung zwischen Seele und Leib* 8.

dass er einst gefragt wurde, wie er von einem Philosophen zu einem Theologen geworden sei. Am Ende dieser Ausführungen und damit auch des gesamten Werkes benennt er die beiden Prinzipien seiner Theologie. Ein merkwürdiges Schlusswort für ein Werk über das Leib-Seele-Problem! Dabei muss man allerdings bedenken, dass es zwischen der »Kurzen Darstellung der Lehre der neuen Kirche« und der »Wahren Christlichen Religion« herausgegeben worden ist. Swedenborg war eigentlich in dieser Zeit damit beschäftigt, eine apologetisch zugespitze Zusammenfassung seiner Theologie zu verfassen.

Swedenborg hat den Standpunkt des Physikalismus *nicht* in seine Zusammenstellung aller denkbaren Meinungen, die am Anfang seines Werkes über die »Wechselwirkung zwischen Seele und Körper« steht, aufgenommen. Er kommt aber im weiteren Verlauf dieses Werkes zum Vorschein. Jedoch nicht unter Verwendung des Begriffs »Physikalismus«, sondern unter Verwendung des Begriffs »Naturalismus«[103]. Von ihm sagt Swedenborg, dass er »heute herrschend« sei[104], wobei »heute« auf das 18. Jahrhundert zu beziehen ist. »Der Naturalismusbegriff ... hat seine Konturen im 17. Jahrhundert zunächst auf der Grundlage einer Opposition zu den supranaturalistischen Grundzügen der christlich-mittelalterlichen Metaphysik erhalten.«[105] In diesem Sinne taucht er mehrmals in den Schriften Swedenborgs auf, – expressis verbis[106] oder aber zumindest der Sache nach. Swedenborg umreißt die Position der Naturalisten so: Sie sehen die

---

[103] *Die Wechselwirkung zwischen Seele und Leib* 9, 16. Siehe auch »Naturalist« (10) und und »naturalistischer Atheist« (3). Es sei darauf hingewiesen, dass die Begriffe »Physikalismus« und »Naturalismus«, obgleich sie in verschiedenen Umgebungen entstanden sind, etymologisch verwandt sind, denn griechisch »physis« und lateinisch »natura« haben dieselbe Bedeutung, nämlich Natur.

[104] *Wahre Christliche Religion* 4, 173, 339.

[105] Peter Janich (Hrsg.), *Naturalismus und Menschenbild*, 2008, Seite 242.

[106] *Göttliche Liebe und Weisheit* 69, *Wahre Christliche Religion* 339.

Schöpfung für ein Werk der Natur an und behaupten, Gott sei nichts anderes als die Natur.[107]

Der Naturalismus oder Materialismus wurde im 17. und 18. Jahrhundert von dem Engländer Thomas Hobbes (1588–1679)[108] und der Französischen Aufklärung unter Führung von Denis Diderot (1713–1784) propagiert.[109] Swedenborg verstand sein Werk als ein Bollwerk gegen die drohende totale Überschwemmung des Geisteslebens durch den Materialismus und den Sensualismus, der sich immer im Gefolge der Verdunklung alles Geistigen befindet. Swedenborg erkannte, dass das Starkwerden des Materialismus die direkte Folge des Schwachwerdens des Gottesglaubens ist, wobei die innerste Ursache dieses Schwachwerdens die dreipersönliche Trinitätslehre ist, denn ein einziger

---

107 Siehe *Wahre Christliche Religion* 35: »Einst dachte ich mit Erstaunen über die große Zahl von Menschen nach, welche die Schöpfung, das heißt alles unterhalb und oberhalb der Sonne, der Natur zuschreiben und immer, wenn sie etwas Neues sehen, dies voller Überzeugung für ein Werk der Natur ansehen. Wenn man diese Menschen fragt, warum sie dergleichen der Natur und nicht Gott zuschreiben, obgleich sie doch zuweilen zusammen mit der christlichen Gemeinde bekennen, Gott habe die Natur geschaffen, sie also das Wahrgenommene mindestens ebenso gut Gott wie der Natur zuschreiben könnten, so antworten sie mit verhaltener, beinahe unvernehmlicher Stimme: ›Was ist Gott anderes als die Natur?‹«

108 Dass Swedenborg Hobbes kannte, geht aus folgender Notiz hervor: »Those philosophers are called Materialists who admit the existence of nothing more than material entities or bodies. Such a materialist was Hobbes, the English philosopher, [who now has many followers, eminent among whom are] Toland and Coward (n. 33).« (Emanuel Swedenborg, *A Philosopher's Note Book*, 1931, Seite 371).

109 Denis Diderot »wurde zum Führer der materialistischen Schule der französischen Aufklärung ... Es gehören hierher Julien de La Mettrie (gest. 1751) mit seinem Buch L'homme machine (1748), Paul-Henri Holbach (gest. 1789) mit seinem Système de la nature (1770), Claude-Adrien Helvetius (gest. 1771) mit seinem Entrüstung hervorrufenden Buch Sur l'esprit (1758), der Sensualist Etienne Bonnot de Condillac (gest. 1780) mit seinem Traité des sensations (1754) und der radikalste dieser materialistischen Psychologen Georges Cabanis (gest. 1808), der schlankweg erklärte: Körper und Geist sind unbedingt ein und dasselbe ... Er ist der unmittelbare Vorläufer der Psychophysik wie des modernen Monismus.« (Johannes Hirschberger, *Geschichte der Philosophie*, Band 2: Neuzeit und Gegenwart, 1991, Seite 249f.).

Gott und zugleich drei Personen, das ist unvorstellbar, undenkbar. Daher blieb dem denkenden Geist gar nichts anderes übrig als sich von diesem heiligen Unsinn abzuwenden und sich anderen Quellen der Erkenntnis zuzuwenden. Diese anderen Quellen sind die fünf Sinne. Sie versprechen sichere Erkenntnis, beschränken aber die Weltsicht auf das empirisch Erfahrbare, von dem sie behaupten, dass es die ganze Wirklichkeit sei. Vermutlich wird man geistesgeschichtlich sagen können, dass Swedenborgs Gegenwehr im deutschen Idealimus eine gewisse Wirkung entfaltete. Jedoch war der Dammbruch nicht mehr zu verhindern. Nach dem Tod Hegels überfluteten der philosophische und naturwissenschaftliche Materialismus das Denken der gottentfremdeten Gemüter, und das hatte Wirkungen bis weit ins 20. Jahrhundert hinein. Der Philosophiehistoriker Johannes Hirschberger meinte, dass der Materialismus »das schwerste Erbe ist, das uns das 19. Jahrhundert mit auf den Weg gegeben hat.«[110] Und obwohl man sagen kann, dass er durch die Erkenntnisse gerade der Physik theoretisch überwunden ist, beherrscht er praktisch doch noch das Denken der Masse. Und bezogen auf die Philosophie des Geistes ist festzustellen: »Das Gros der heutigen westlichen Wissenschaftler, die sich mit Bewusstseinsforschung befassen, wie Gehirnforscher, Psychologen, Psychiater und Philosophen, ist der Meinung, dass sich das Bewusstsein materialistisch und reduktionistisch erklären lässt«.[111]

Dessen ungeachtet müssen Swedenborgianer den dualistischen Ansatz weiterentwickeln. Welche Arbeitsfelder sind zu bearbeiten? Erstens: Die historische Bedingtheit des Materialismus müsste dargestellt werden. Seine Vereinnahmung des Wissenschaftsbegriffs wäre zu problematisieren. Wissenschaft muss nicht per se materialistisch sein. Zumal der Materialismus theoretisch überwunden ist, denn mit Karl Raimund Popper kann

---

[110] Johannes Hirschberger, *Geschichte der Philosophie*, Band 2: Neuzeit und Gegenwart, 1991, Seite 468.

[111] Pim van Lommel, *Endloses Bewusstsein: Neue medizinische Fakten zur Nahtoderfahrung*, 2011, Seite 259.

man sagen, »daß die Ergebnisse der modernen Physik es nahelegen, die Vorstellung [von Materie als] von einer Substanz oder einem Wesen aufzugeben ... Mit dem Programm, die Struktur der Materie zu erklären, war die Physik gezwungen, über den Materialismus hinauszugehen.«[112] Und der Physiker und Heisenbergschüler Hans-Peter Dürr meint sogar: »Die Grund-Wirklichkeit hat mehr Ähnlichkeit mit dem unfassbaren, lebendigen Geist als mit der uns geläufigen greifbaren stofflichen Materie. Die Materie erscheint mehr als eine ›Kruste‹ des Geistes.«[113] Anzustreben ist eine Wissenschaft, die sich aus der ideologischen Umklammerung durch den Materialismus befreit hat. In diesem Zusammenhang könnten sehr beachtenswerte erkenntnistheoretische Überlegungen Swedenborgs für die Gegenwart fruchtbar gemacht werden. Ich denke beispielsweise an seine Ausführungen am Anfang seiner »Principia Rerum naturalium«. Das erste Kapitel »handelt von den Mitteln, die zur wahren Philosophie führen«. Er nennt drei, »die empirische Erfahrung (experientia), die Geometrie (geometria) und die Fähigkeit zur vernünftigen Beurteilung (facultas ratiocinandi)«. Swedenborg sah sich zwei großen erkenntnistheoretischen Systemen gegenüber, dem Empirismus (a posteriori) und dem Rationalimus (a priori), und interessanterweise vereinigt er in seinem Geiste die Stärken *beider* Ansätze. Wahre Wissenschaft sollte – dieser Spur folgend – nicht nur beobachten und beschreiben, sondern auch denken und auswerten, zu den Ursachen und der quinta essentia der Datenflut vordringen. Zweitens: Es läge ganz auf der Linie Swedenborgs, die Erkenntnisse der Gehirnforschung bzw. Neurowissenschaften aufzunehmen. Die gegenwärtige Situation beschreibt der niederländische Kardiologe Pim van Lommel so: »Die meisten Gehirnforscher vertreten einen materialistischen Ansatz. Sie gehen von der Annahme aus, dass sich Gedanken, Gefühle und Erinnerun-

---

112 Karl R. Popper, John C. Eccles, *Das Ich und sein Gehirn*, 1991, Seite 26.

113 Hans-Peter Dürr, *Auch die Wissenschaft spricht nur in Gleichnissen: Die neue Beziehung zwischen Religion und Naturwissenschaften*, 2008, Seite 29.

gen inhaltlich ganz und gar aus den messbaren Aktivitäten des Gehirns herleiten lassen. Die Hypothese, dass Bewusstsein und Erinnerungen ausschließlich in unserem Gehirn erzeugt und gespeichert werden, ist jedoch immer noch unbewiesen.«[114] Dass eine dualistische Sicht mit den Fakten vereinbar ist, zeigte exemplarisch Sir John Eccles (1903–1997), der 1963 den Medizin-Nobelpreis erhalten und zusammen mit dem Philosophen Karl Popper ein Buch mit dem bezeichnenden Titel »Das Ich und sein Gehirn« geschrieben hatte. Darin tritt er sowohl für die immaterielle Wesenheit des Geistes als auch für die Objektivität der materiellen Welt ein, also für eine dualistische Weltsicht. Drittens: Swedenborgs Position erhält seit mehreren Jahrzehnten Unterstützung durch die Ergebnisse der Nahtod-Forschung. Pim van Lommel beispielsweise vertritt – gestützt auf wissenschaftliche Langzeitstudien – die These: Das Bewusstsein hört nach dem Tod nicht auf zu existieren, es besteht weiter und ist unabhängig von Gehirnfunktionen. Das Gehirn scheint nur ein Empfangsmodul zu sein, vergleichbar einem Radio oder Fernsehgerät. Niemand würde behaupten, die Bilder und Töne hätten ihren Ursprung in diesen Apparaten. Jedem ist klar, dass sie aus einem anderen Raum stammen und von diesen Geräten lediglich empfangen werden.

Swedenborg ist ein Substanzdualist, der einen geistigen Einfluss lehrt, der allerdings nicht erst bei der Seele, sondern schon bei Gott beginnt. Inwieweit sich dieser Einfluss allerdings auf der organischen Ebene zeigen kann, hängt auch von der Verfassung der entsprechenden Organe ab, vor allem des Gehirns. Insofern ist in Swedenborgs Theorie ein interaktionistisches Element enthalten. Seine Gesamtschau der Wirklichkeit hatte interessanterweise eine empirische Grundlage, denn zum einen kam er aus der Wissenschaft, war einer ihrer hervorragensten Vertreter, und zum anderen schrieb er später viele Werke »ex auditis et

---

[114] Pim van Lommel, *Endloses Bewusstsein: Neue medizinische Fakten zur Nahtoderfahrung*, 2011, Seite 192.

visis«, das heißt nach Gehörtem und Gesehenem. Er konnte daher den Grundstein für eine Wissenschaft legen, in der Himmel und Erde versöhnt sind: Psyche und Physis.

Die deutschen Übersetzungen von De Commercio

von Thomas Noack

Im Folgenden stelle ich die wichtigsten Übersetzungen von »De Commercio Animae et Corporis« vor und bilde jeweils die erste Textseite derselben ab. So kann sich jeder selbst einen gewissen Eindruck von ihnen verschaffen.

Die Geschichte der Übersetzung von »De Commercio Animae et Corporis« beginnt nur drei Jahre nach der Veröffentlichung der lateinischen Urausgabe. 1772 erschien in Frankfurt und Leipzig »Emanuel Swedenborgs Tractat von der Verbindung der Seele mit dem Körper, welche entweder durch einen physicalischen oder durch einen geistlichen Einfluß, oder auch durch eine vorher bestimmte Uebereinstimmung geschehen soll. Aus dem zu London 1769 gedruckten Lateinischen Original ins Deutsche übersetzt.« Zur Frage nach dem Übersetzer heißt es in der Bibliography von James Hyde: »Translated by Prelate F. C. Oetinger, although it is attributed by [Christian Gottlob] Kayser [Vollständiges Bücher-Lexicon] to Dean J.[ohann] C.[hristoph] Lenz.«[115] 1776 erschien ein zweiter Druck dieser Übersetzung ebenfalls in Frankfurt und Leipzig (nach Kayser jedoch in Altenburg)[116]. Eine digitalisierte Version dieser Ausgabe ist auf der Homepage der Sächsischen Landesbibliothek zu finden (siehe: www.slub-dresden.de).

Die nächste Übersetzung fertigte der Justizprokurator Ludwig Hofaker (1780–1846) an. Der Titel lautete: »Zu der Neuen Kirche des HErrn. Der Verkehr zwischen Seele und Leib«. Von Emanuel Swedenborg. Tübingen: Verlag Zu-Guttenberg, 1830. Über Hofaker als Übersetzer bemerkte Immanuel Tafel 1829 gegenüber Justinus Kerner, wobei allerdings zu berücksichtigen

---

[115] James Hyde, *A Bibliography of the Works of Emanuel Swedenborg, Original and Translated*, London: Swedenborg Society, 1906, Nr. 2583.

[116] »Kayser gives Altenburg as the place of publication.« (siehe Hyde Nr. 2584).

ist, dass Tafel Hofaker möglicherweise als Konkurrent empfand: »Der Umstand, daß jene Schriften ein System enthalten, verleitet aber wie ich glaube, unseren H.(ofacker) zu einem Fe(h)lgriff in seinen Übersetzungen, der nachteilige Folgen hat. Er meint wo ein System sei, müsse auch eine abgeschlossene Terminologie sein, und man dürfe deswegen wo S. *ein* Wort gebraucht auch im Deutschen nur *ein* Wort brauchen; ich dagegen bin der Meinung, daß der Geist sich nicht so bannen lasse an bestimmte Wörter, wie denn H. zuweilen auch genötigt ist, von jenem Grundsatze abzugehen. – Wenn unsere Sprache so glücklich ist, für zweierlei Bedeutungen, für welche der Römer nur einen Ausdruck hatte, 2 Wörter zu haben; warum sollen wir sie nicht brauchen? ...«[117]

Die letzte Übersetzung des 19. Jahrhunderts ist: »Der Verkehr zwischen Seele & Körper«, Frankfurt am Main: J. G. Mittnacht's Verlag Neukirchlicher Schriften, 1880. Der Zeitschrift »Neukirchenblätter« entnehmen wir: »Der ›Verkehr zwischen Seele und Körper‹ ist schon vor mehreren Jahren von Herrn Julius Winderlich in Görlitz übersetzt und von Herrn Prof. Pfirsch revidirt worden. Vor dem Druck gieng noch eine Hand darüber, wobei das frühere Wort ›Leib‹ in ›Körper‹ umgewandelt wurde.«[118]

Die Übersetzungen des 18. und 19. Jahrhunderts sind sehr wörtliche, manchmal etwas unbeholfen wirkende. Demgegenüber wollte das 20. Jahrhundert neue Wege gehen. Noch vor dem Ersten Weltkrieg erschien: »Der Verkehr auf natürlichem oder geistigem Wege oder auch durch vorherbestimmte Harmonie, welcher zwischen Seele und Leib angenommen wird«, in: Immanuel Swedenborg, Theologische Schriften, Uebersetzt und eingeleitet von Lothar Brieger-Wasservogel, Jena und Leipzig: Eugen Diederichs, 1904. Lothar Brieger-Wasservogel (1879–1949) war

---

117 Brief vom 4. März 1829 von Immanuel Tafel an Justinus Kerner. Zitiert nach Walter Dreß, *Johann Fridrich Immanuel Tafel 1796–1863: Ein Lebensbericht*, Zürich: Swedenborg Verlag, 1979, Seite 58.

118 *Neukirchenblätter* 1880, Seite 192.

Kunsthistoriker und Journalist. Seit 1914 war er als Kunstkritiker der »Berliner Zeitung am Mittag«, der »Vossischen Zeitung« und später auch für den Ullstein-Verlag tätig. Wegen seiner jüdischen Herkunft emigrierte er 1933 nach Shanghai, betrieb dort einen Antiquitätenhandel und schrieb Artikel für die »Shanghai Morgenpost« sowie für amerikanische Zeitungen. Nach dem Zweiten Weltkrieg kehrte er nach Berlin zurück, wo er jedoch bald starb. Nach Brieger hat »die Uebersetzung, selbst auf die Gefahr hin, als pietätlos zu gelten, radikal vorzugehen. Die alten Uebertragungen von Hofacker und Tafel hatten sich krampfhaft an den Text geklammert und ihn mit allen seinen endlosen Satzverschlingungen und ungewandten Ausdrücken getreu wiedergegeben ... Wir glauben daher nur im Sinne Swedenborgs gehandelt zu haben, wenn wir unsrer Uebersetzung, soweit das anging, eine zeitgemäßere Form gaben. Uebersetzen hieß hier wirklich oft interpretieren. Wir haben nach Möglichkeit Swedenborgs Worte wiedergegeben. Es ließ sich aber an dunklen Stellen nicht vermeiden, an ihre Stelle das zu setzen, was wir darunter zu verstehen glaubten.«[119]

Auch Gerhard Gollwitzer ging neue Wege. Vermutlich 1956[120] erschien »Von Seele, Geist und Leib: Emanuel Swedenborgs Gedanken zum Leib-Seele-Problem«. Gerhard Gollwitzer (1906–1973) war Kunstpädagoge, Künstler und Schriftsteller. Von 1946 bis 1968 war er Professor an der Staatlichen Akademie der Bildenden Künste in Stuttgart (Allgemeine Künstlerische Ausbildung). Zu seiner Übersetzung schrieb er: »Der Herausgeber legte Wert auf eine neue, gut lesbare Übertragung, ohne daß er je den Inhalt veränderte oder gar verwässerte. Er erlaubte sich Kürzun-

---

119 *Immanuel Swedenborg: Theologische Schriften*, Uebersetzt und eingeleitet von Lother Brieger-Wasservogel, Jena und Leipzig: Eugen Diederich, 1904, Seite 3f.

120 Das Erscheinungsjahr erschließe ich aus der Erwähnung eines Zeitungsartikels vom 31.12.1955 in der Einführung von Gerhard Gollwitzer.

gen der vielen Wiederholungen ...«[121] Neue Wege ging Gollwitzer also, indem er eine gekürzte Fassung vorlegte. Außerdem übersetzte er »Mens« mit Geist.

Die vorliegende Übersetzung ist nun die erste eines von Swedenborg selbst veröffentlichten Werkes im 21. Jahrhundert. Was für dieses Jahrhundert typisch sein wird, ist noch nicht mit Sicherheit absehbar. Vielleicht kann die Verdeutschung nach der nun schon langen Übersetzungstradition eine reife Form finden. Vielleicht wird aber auch zunehmend die Notwendigkeit empfunden, die Übersetzungen mit erläuternden Kommentaren und Anmerkungen anzureichern. Oder vielleicht wagen sich die deutschen Übersetzer ins Neuland, indem sie endlich auch den vortheologischen Swedenborg zugänglich machen.

121 *Von Seele, Geist und Leib: Emanuel Swedenborgs Gedanken zum Leib-Seele-Problem*, Zürich: Swedenborg Verlag, ohne Jahresangabe, Seite 9.

Von der

Verbindung der Seele mit dem Körper.

I.

Von der Verbindung der Seele mit dem Körper, oder von der Würkung beyder in- und mit einander sind drey Meynungen und angenommene Sätze vorhanden, welche Hypothesen oder willkührliche Wahrscheinlichkeiten sind; die erste wird der physicalische oder natürliche Einfluß genennet, die zweyte der geistliche Einfluß, und die dritte die vorherbestimmte Harmonie oder Uebereinstimmung. Die erste, die man den physicalischen Einfluß nennt, ist aus dem Anschein der Sinne und den daher kommenden Betrüglichkeiten herge-

A 2 nommen,

Frankfurt und Leipzig 1772

I.

Ueber den Verkehr von Seele und Leib, über das Wirken nehmlich des einen auf das andere, und des einen mit dem andern, bestehen dreierlei Ansichten und Ueberlieferungen; alle drei sind Hypothesen; die erste führt die Benennung physisches Einfließen, die zweite geistiges Einfließen und die dritte vorherbestimmte Harmonie. Die erste, physisches Einfließen benannt, rührt aus Erscheinlichkeiten der Sinne und aus Täuschungen, deren Folge; weil nehmlich scheinbar die Gegenstände des Gesichts, die auf das Auge wirken, einfließen in das Denken und dieses erzeugen; und ebenso die Rede, welche das Ohr anregt, scheinbar einfließt in das Gemüth und in demselben Vorstellungen erzeugt; in gleicher Weise der Geruch, der Geschmak und das Tasten: weil die Organe dieser Sinne in erster Reihe die Anregungen aufnehmen, die aus der Welt herbeikommen, und je nach dem Anreiz derselben das Gemüth zu denken und auch zu wollen scheint, darum glaubten die alten Weltweisen und Schulweisen, es laufe von jenen ein Einfließen aus in die Seele, und bildeten sich so die Hypothese des physischen oder naturmäßigen Einfließens. Die zweite Hypothese, die des geistigen Einfließens, oder, mit Einigen, die des

Ludwig Hofaker, Tübingen 1830

Der Verkehr zwischen Seele und Körper.

1. Ueber den Verkehr zwischen Seele und Körper, oder über das Wirken des einen auf den andern und des einen mit dem andern, giebt es drei [verschiedene] Meinungen und Ueberlieferungen, welche Hypothesen sind; die erste bezeichnet man als physischen [natürlichen] Einfluß, die andere als geistigen Einfluß, und die dritte als vorherbestimmte Harmonie.

Die erste, physischer Einfluß genannt, kommt her von den Scheinbarkeiten und den Täuschungen der Sinnen, weil die Gegenstände des Gesichts, welche auf die Augen wirken [afficiunt], in das Denken einzufließen, und dasselbe hervor zu bringen scheinen, und weil ebenso die Rede, welche das Ohr anregt, scheinbar in das Gemüth einfließt, und Vorstellungen in demselben hervorbringt; in ganz ähnlicher Weise verhält es sich mit dem Geruch, dem Geschmack und dem Gefühl; weil die Organe dieser Sinne die aus der Welt herkommenden Einwirkungen zuerst aufnehmen, und gemäß den Anregungen derselben das Gemüth zu denken und auch zu wollen scheint, darum haben die alten Philosophen und Gelehrten geglaubt, daß von ihnen ein Einfluß in die Seele ausgehe, und demgemäß die Hypothese über den physischen oder natürlichen Einfluß aufgestellt.

Die zweite [Hypothese], welche die des geistigen und von Manchen die des gelegenheitlichen Einflusses genannt wird, beruht auf der Ordnung und deren Gesetzen; weil nämlich die Seele eine geistige Substanz, und daher reiner, früher und inwendiger ist, der Körper aber materiell, und daher gröber, später und auswendiger, und der Ordnung gemäß das Reinere in das Gröbere, das Frühere in das Spätere, und das Inwendigere in das Aeußere, also das Geistige in das Materielle einfließt, und nicht umgekehrt. Daher fließt das denkende Gemüth in den Gesichtssinn ein, gemäß dem Zustande, in welchen die Augen durch die Gegenstände versetzt werden, welchen Zustand das Gemüth augenblicklich bewirkt; eben-

Julius Winderlich, Frankfurt am Main 1880

Einleitung

ES gibt drei und zwar hypothetische Meinungen über die Art, wie Seele und Körper aufeinander wirken, über den Verkehr zwischen ihnen: die des physischen Einflusses, die des geistigen Einflusses und die der vorher bestimmten Harmonie.

Die des physischen Einflusses wird aus den Vorspiegelungen der Sinne und den daraus resultierenden Illusionen abgeleitet. Die im Gesichtsfelde liegenden Gegenstände bemächtigen sich durch die Augen des Denkens, das sie so scheinbar erst erzeugen. Die Worte hinwiederum dringen durch das Ohr ins menschliche Gemüt, in dem sie die Gefühle erwecken. Aehnlich verhält es sich mit Geruch, Geschmack und Gefühl. Denken und Wollen der Menschenseele scheint zuerst nur den Einwirkungen zu entspringen, welche die Außenwelt durch die Sinnesorgane darauf ausübt. Im Banne dieser Anschauung nahmen die Alten einen ursprünglichen Einfluß der Außendinge auf die Seele an und konstruierten die Hypothese des physischen oder natürlichen Einflusses.

Die zweite Hypothese, nämlich die des geistigen Einflusses, wird von manchen auch die des gelegentlichen genannt. Sie ist aus den Gesetzen natürlicher Ordnung abgeleitet. Die Seele ist als geistige Substanz reiner, innerlicher und früher vorhanden als der seiner materiellen Eigenart nach gröbere, äußerliche Leib. Die Natur hat es so geordnet, daß das reinere Medium in das gröbere, das frühere uud innerliche in das spätere und äußere, mit einem Worte: das Geistige in das Materielle übergeht. Aber nicht umgekehrt. So beeinflußt der Gedanke das Auge, indem dieses die Gegenstände

Lothar Brieger-Wasservogel, Jena und Leipzig 1904

SEELE, GEIST UND LEIB

Über die Beziehungen zwischen Seele und Körper gibt es drei Ansichten und Überlieferungen. Alle drei sind Hypothesen.

Die eine spricht vom „physischen Einfließen": Das Physische bewirkt das Psychische, der Körper wirkt auf die Seele [anima] ein. Die Objekte des Gesichtssinnes, welche die Augen erregen, fließen durch sie in das Denken ein und erzeugen es; die Worte, welche die Gehörwerkzeuge bewegen, fließen in den Geist [mens] ein und bringen dort Ideen hervor. Das gleiche gilt vom Schmecken, Riechen, Tasten: Die Organe dieser Sinne nehmen die von außen kommenden Reize auf und der Geist denkt und will je nach deren Beschaffenheit.

Die andere Hypothese dagegen, die des „Geistigen Einfließens", wird begründet durch den Hinweis auf die

11

Gerhard Gollwitzer, Zürich ohne Jahresangabe